AF142405

Grenier

de nos Maux

Derrière les mots, des symboliques

Le grenier, symbole de l'inconscient...

Nombre de nos maisons étaient dotées d'un grenier. Espace placé sous le toit, on y stockait à travers des objets, un peu de notre histoire. Meubles, vaisselles, jouets, courriers, livres, symboles de notre passé, s'y entassaient et faisaient le bonheur de dame poussière.

Pièce souvent sombre et éloignée des lieux de vie, le grenier pouvait être craint par son côté lugubre et mystérieux. Enfants, nous rechignions à y aller, nous évitions de nous y aventurer seuls car il générait de l'angoisse, de la peur et de l'insécurité. Nous imaginions facilement des monstres cachés dans ses recoins.

Associée donc au grenier, une ambiance troublante autant que mystérieuse. Devenus adultes, le grenier est encore parfois source d'inquiétude, car dans notre imaginaire, il continue à être associé à l'inconnu et à la crainte de ce qui s'y trouve ou s'y cache.

En utilisant ce terme, symboliquement, je le relie à notre intériorité, à notre inconscient qui recèle tant et tant de traces de notre passé, tant et tant de traces de nos vécus. Car oui, dans notre inconscient sont stockés les ingrédients de toute une vie, les preuves des empreintes de notre vie. Freud aborde l'inconscient comme un espace de notre psyché peuplé de fantasmes et souvenirs refoulés dont on ne parvient pas à se débarrasser. Même anciens, même effacés de notre mémoire consciente, ces matériaux refoulés nous effraient et nous angoissent, nous questionnent et nous attirent.

Tel un grenier, notre inconscient regorge de marques indélébiles de notre passé qui, bien qu'enfouies, surgissent et s'imposent à nous dans notre quotidien, tels les monstres de notre imaginaire d'enfant.

Les maux, symboles de nos conditionnements...

Dans le langage courant, les maux regroupent les douleurs d'une personne qu'elles soient physiques, psychologiques ou émotionnelles. En décodage biologique on considère que la maladie et la douleur seraient les manifestations physiques d'un mal psychique plus profond.

Le corps serait donc le lieu d'expression de ce que nous n'avons osé exprimer par la bouche et des blessures psychologiques non encore guéries.

En faisant le choix de ce terme, symboliquement, je l'associe aux racines de nos fonctionnements c'est-à-dire à nos conditionnements. Dans mon propos, les maux sont donc des mémoires qui s'expriment sous forme de malaises, de gênes, d'émotions, de ressentis qui donnent naissance à des comportements automatisés.

En mettant en lien le grenier et les maux, j'ai envie d'inciter chacun à aller dans son grenier, à oser regarder ce qui s'y trouve et à questionner ce qui s'y cache.

Sans crainte et avec bienveillance, sans peur et avec curiosité, nous pouvons nous y rendre.

Il s'agit avant tout de nous y retrouver.

Il s'agit avant tout d'y redécouvrir ce qui nous a construit.

En faisant ainsi la lumière sur cet espace, il nous sera possible d'établir une passerelle entre hier et aujourd'hui, il nous sera possible de comprendre nos fonctionnements actuels au regard de nos conditionnements passés.

Aller au grenier, c'est découvrir ce qui est entassé depuis des années et qui peut donc nous paraître poussiéreux, sale et rebutant.

Aller au grenier, c'est aussi mettre en lumière des secrets.

Aller au grenier, c'est encore reprendre contact avec nos souvenirs qui peuvent s'avérer être des trésors, de vraies pépites.

Aller avec courage au grenier, c'est s'accorder après les turbulences, un horizon dégagé pour une vie plus empreinte de liberté d'être.

Chemin vers soi ; notes personnelles

Qu'est-ce que j'espère de ce livre ?

Ce nécessaire voyage en soi
pour comprendre et avancer

À travers ce livre, objet de questionnements, d'interpellations et de mise en mouvements,

J'offre aux martiniquais l'occasion de poser un regard sur leur vie et de comprendre certaines de leurs réalités.

J'offre à mes compatriotes l'occasion de se regarder et de décider de ce qu'ils veulent faire de leur vie.

J'offre à tous, l'occasion de questionner leurs conditionnements afin de percevoir les freins qui ont entravé leurs routes et de s'ouvrir vers de nouveaux horizons.

Je vous offre un livre qui prétend briser les chaînes, briser nos chaînes inconscientes et nous permettre d'être libres car, notre vocation est d'être libres, libres d'être, d'agir, de penser.

Oui, nous sommes libres, libres de nous choisir ou libre de choisir les autres.

Oui, nous sommes libres, libres de nous affranchir des conditionnements et du regard des autres ou libres de nous y laisser emprisonner.

Qu'avons-nous fait de cette liberté ?

La vie, notre vie, est un long parcours empreint de toutes sortes d'influences.

Dès notre conception, nous sommes impactés par des croyances, des valeurs, des attentes qu'elles soient familiales, sociétales, culturelles et provenant de nos mémoires transgénérationnelles. Elles s'imposent à nous en nous modélisant et participent à notre construction.

Nous naissons au monde avec ces influences qui vont nous façonner et nous contraindre dans nos fonctionnements.

Nous sommes donc de pures expressions de nos racines identitaires. Parmi celles-ci, nos coutumes langagières martiniquaises que sont nos proverbes. Ces derniers nous ont vu naître et nous ont fait naître. Leur processus d'intégration fait qu'ils font partie intégrante de notre être et nous parlent de nous.

Avez-vous déjà noté combien notre corps nous parle ?

Avez-vous déjà ressenti l'impact des mots qui ont jalonné notre enfance ?

Avez-vous déjà tendu l'oreille à ce que vous disent nos comportements ?

Ce livre est une invitation à un voyage, un voyage dans votre vie, un voyage en vous.

Ce voyage est une occasion unique qui vous est donnée de vous découvrir ou de vous redécouvrir.

Ce voyage est une opportunité d'un retour introspectif, afin de questionner les proverbes et expressions qui ont marqué votre enfance, percevoir le sens que vous leur avez donné et l'effet qu'ils ont eu sur vos croyances, vos comportements et votre trajectoire.

Ce voyage est enfin une porte qui vous permettra d'accéder à un espace de liberté, un espace où vous vous donnerez à voir dans la pleine expression de qui vous êtes.

Faire le choix de s'offrir ce voyage est le plus beau cadeau que vous puissiez vous faire, c'est le gage d'une vie plus authentique car plus en accord avec votre Moi véritable.

Tout au long de votre vie, quel que soit votre âge, le choix est en permanence possible : choix de rester une victime des circonstances ou choix de prendre une nouvelle orientation.

Oserez-vous après la lecture de ce livre, faire le choix de l'expression de vous-même ?

Oserez-vous après la compréhension de mon message, faire le choix de l'abolition de votre propre esclavage?

Ce voyage exige du temps car c'est pas à pas que vous pourrez parcourir ce chemin qui sera certes parsemé de turbulences à retraverser mais qui aboutira surtout à une merveilleuse retrouvaille pour donner enfin à votre vie ses vraies couleurs et sa vraie saveur.

Je vous convie donc, au fil de ce voyage, à accueillir avec bienveillance ce qui vous a construit, à remercier ces expériences qui font de vous ce que vous êtes et à poser résolument de nouveaux pas sur un chemin d'ouverture à la vie et de confiance en la vie.

Oui, nous avons en nous, toutes les clés pour briser ces chaînes qui nous limitent dans notre développement.

Chemin vers soi ; notes personnelles

Qu'est-ce que je ressens à l'idée de faire ce voyage en moi ?

Nos matériaux de construction, racines de notre fonctionnement

Une autre perception des fondements de notre histoire de vie

Nous pouvons voir la vie, notre vie, comme détachée d'un avant.

Nous pouvons voir la vie, notre vie, comme une parenthèse qui s'ouvre et se referme.

Nous pouvons aussi voir la vie comme une continuité au cours de laquelle la naissance et la mort ne sont que des étapes, des étapes à la vie.

En envisageant la vie ainsi, elle prend sens et fait sens autrement. Cette vie participerait donc à une réponse positive que notre âme qui est éternelle, accorde à un appel, un appel d'un arbre généalogique, un appel transgénérationnel pour vivre une expérience d'évolution.

Oui, si nous sommes de ce monde, c'est que nous avons fait le choix d'y être, c'est que notre âme a dit OUI, OUI à cette expérience de vie terrestre.

De la conception à la naissance, l'être humain peut à tout instant faire le choix de partir ou de rester, de vivre ou de mourir. En effet, physiologiquement dans son développement, il passe par différents moments où le danger est prégnant : la fécondation, la migration de l'œuf, la nidation, le développement dans l'utérus de la mère...

La vie est donc le fruit d'un miracle et est elle-même miracle. Lorsque la vie est là, lorsqu'elle s'installe, c'est qu'elle a décidé d'être. Elle est un merveilleux don accepté par l'âme et elle répond à un désir, un désir de l'âme à être, être totalement et pleinement.

L'arrivée d'un enfant dans une famille n'est donc pas le fruit du hasard.

À la base de la conception de l'humain, il y a donc désir(s) : désir conscient ou inconscient des parents d'avoir un enfant et désir de l'âme de l'enfant de devenir feuille de cet arbre généalogique. La venue d'un enfant dans un arbre généalogique sert une cause, elle répond aux besoins de l'arbre et elle répond aussi au besoin de l'âme de l'enfant. Cette dernière en s'incarnant dans ce corps (la matière), accepte pour grandir, se transformer, s'alléger, de vivre au cours de son passage terrestre, des expériences d'une grande richesse. Ces expériences permettent à cette âme à travers les rencontres et les situations qu'elle vivra de revisiter ses blessures de rejet, d'abandon, d'injustice, de trahison, d'humiliation... dont elle est porteuse. De ces expériences de vie naîtront des tournants de vie, comme des carrefours où de nouveaux choix sont possibles pour l'évolution de l'âme.

Rien n'est hasard, tout est sens et fait sens

Le choix de l'arbre généalogique d'accueil est donc sous tendu par le fait que l'âme y trouve l'ambiance, les matériaux, le terreau pouvant faciliter les raisons du choix de ce voyage terrestre.

Notre berceau transgénérationnel est donc essentiel, il détient des informations de nos lignées paternelle et maternelle qui nous impactent dans notre hier, dans notre aujourd'hui et dans notre demain. Pourtant, en tant que feuille d'un arbre généalogique vieux

de milliers d'années, nous n'avons que peu d'éléments conscients sur l'antériorité de la vie de cet arbre. Nous savons que nous dépendons

d'une branche parce que nous la connaissons par le biais de nos parents, de nos grands-parents et bien souvent nous ne questionnons pas davantage, la vie de cet arbre. Or, en tant que feuille, nous sommes nourris par la même sève qui a nourri nos ancêtres, nous partageons donc avec eux un héritage commun qui participe à qui nous sommes.

Cette sève qui nous habite permet donc que dès notre conception, nous soyons connectés aux autres feuilles présentes ou passées et porteurs de mémoires transgénérationnelles qui seront déterminantes pour notre trajectoire de vie.

Nous sommes à ce titre, la résultante de notre histoire de famille sur plusieurs générations.

On peut comprendre, en posant un regard basé sur les fondements de psychogénéalogie, que notre vie sert notre arbre généalogique et que nous sommes invités au respect de ses codes de fonctionnement ce qui implique que nous soyons tenus par des liens de loyauté invisibles.

Pour synthétiser et retenir l'essentiel, notre histoire de vie débute par le choix d'une âme de revenir dans la matière (le corps) pour évoluer en se confrontant aux expériences de vie terrestre. Pour cela, elle répond à l'appel d'un arbre généalogique et en accepte ses codes, ses contrats... À ce titre, elle est confrontée à sa première soumission, rester loyale aux attendus de cet arbre.

Dès notre conception, nous sommes donc impactés par un héritage inconnu ou méconnu. Dès notre naissance, nous sommes dotés d'un fardeau.

Quel est cet héritage auquel nous avons droit, de quoi est-il teinté ? De joies, de peines, de réussites, de souffrances, de maladies, d'injustices, de croyances...

Percevoir ainsi l'origine de notre vie nous apporte d'autres clés de lecture de notre histoire.

Poser un regard sur notre arbre généalogique nous donne accès aux messages essentiels et aux schémas répétitifs de nos lignées, schémas répétitifs que nous nous sommes engagés à reprendre et à faire perdurer.

Regarder ainsi le déroulement de notre vie, amène une compréhension différente des situations vécues.

Nous venons donc à ce monde, dans un arbre généalogique porteur d'une histoire qui a traversé le temps et qui par nous, cherche à perpétuer des habitudes de fonctionnement fussent-elles productives ou contre-productives. Peu importe, c'est l'histoire de nos ancêtres qui devient un bout de notre histoire à laquelle nous allons contribuer, que nous allons alimenter par notre propre vécu puis transmettre aux générations futures.

Cette histoire est porteuse de mémoires transgénérationnelles qui sont de vraies pépites et aussi de vrais conditionnements. Elles sont pour la plupart inconscientes mais pourtant très actives dans nos choix et nos non-choix quotidiens.

Chemin vers soi ; notes personnelles

Quels impacts a sur moi cette nouvelle vision des fondements de la vie ?

_____

_____

_____

_____

_____

_____

_____

Quelques éléments pour servir la mise en sens de notre construction

Ce que nous sommes est certes la résultante de notre histoire de famille en lien avec nos lignées et c'est aussi la résultante de d'autres facteurs inhérents à notre propre vie, à nos vécus et surtout à notre perception de nos vécus. Car, oui, c'est surtout la nature du regard que nous portons sur nos vécus, sur nos expériences, qui teinte nos conditionnements et créée leurs effets.

Au-delà de l'impact des composantes génétiques et transgénérationnelles, il est indéniable que d'autres facteurs ont pu influencer nos fonctionnements.

Parmi ces autres facteurs, les conditions de vie intra-utérine, de l'accouchement, le moment de l'arrivée de l'enfant dans la vie de ses parents, la nature de la relation de couple autour de la période de la grossesse, de l'accouchement, des premières années de vie, l'adéquation ou pas entre les attentes des parents et l'enfant (sexe, type, traits physiques…) sont aussi des éléments déterminants car susceptibles d'influencer le cours de notre vie. En effet, dans sa grande vulnérabilité, le fœtus perçoit, ressent et intègre les données de son environnement qui vont l'impacter et constituer ses premières empreintes.

Et puis, viennent la naissance et les premières années de vie où l'enfant découvre son environnement. Véritable éponge émotionnelle, il ira au contact de son quotidien en y captant des informations grâce à son regard absorbant et pénétrant. C'est ainsi qu'il va percevoir le monde, filtrer les informations et se laisser impacter de manière positive ou douloureuse par tout ce qui se présente à lui. De sa perception de ses vécus, il prendra des décisions pour adapter sa relation au monde, guidé par un besoin essentiel à sa survie, qu'est celui d'être aimé et reconnu de l'autre.

Ce besoin d'amour est omniprésent dès notre conception et dans sa grande sensibilité, le fœtus, le bébé puis l'enfant est perméable aux signes et aux non-signes. Il ressent, il capte, il interprète et il s'adapte en permanence pour survivre. Oui, pour survivre car il s'agit bien de cela, survivre dans un monde qui peut à tout moment nous renvoyer à l'insignifiance de notre image. Lorsque ce besoin d'amour est assouvi, il se traduit par un sentiment de reconnaissance, d'appartenance, d'acceptation. Il est vital en ce sens qu'il contribue à nous donner envie de poursuivre l'aventure de la vie. Il est un ingrédient indispensable à notre sécurité intérieure, à notre équilibre, à notre estime de nous-même et à notre affirmation.

L'enfant sera donc sans cesse dans un prisme perceptif, oscillant entre son besoin intrinsèque de se sentir aimable c'est-à-dire digne d'être aimé et sa nécessaire réponse à l'attendu de l'autre. À partir de là, il cherchera à s'adapter au mieux pour répondre à ce qu'il pense être attendu de lui sans se rendre compte qu'il s'agit de sa perception donc de sa réalité, pas de La Réalité.

Ainsi, de la vie intra-utérine jusqu'à sept ans environ, l'enfant va intégrer, analyser ces matériaux à travers ses propres filtres, prendre des décisions et adopter une relation personnelle au monde à partir de laquelle s'écrira son histoire. Progressivement il va développer sa propre carte du monde à partir de ses perceptions.

À la base, rempli de liberté, de créativité, de joie, d'exaltation, de spontanéité, d'authenticité, ce petit être qui vient au monde en cherchant à s'adapter s'éloigne de ce qu'il est vraiment, un être d'énergie et de lumière. En exilant ainsi cette part de lui-même, son essence première, il se connecte à la peur, à la tristesse, à la frustration.

À l'âge adulte, les matériaux de construction sont hors d'atteinte du champ de la mémoire consciente et pourtant ils sont toujours à l'œuvre dans nos choix et ce, de manière inconsciente. Nous y reviendrons dans un prochain chapitre.

Ainsi, notre histoire de vie est parsemée de situations et de comportements qui s'y inscrivent comme des schémas répétitifs et qui ne sont que la réactivation de décisions prises enfant pour nous adapter à notre vision de ce monde.

Prenons conscience que progressivement, de manière insidieuse nos matériaux de construction ont contribué à notre modélisation et que sans cesse, jour après jour, nous continuons à nous adapter pour coller aux attentes de notre environnement. Nous construisons donc un personnage, notre personnage, celui que nous décidons de montrer au grand jour. En nous adaptant ainsi, nous nous éloignons de notre essence même, de notre authenticité, de notre Moi et nous laissons influencer par nos conditionnements.

OUI,

Nous sommes nés à ce monde dotés de notre essence divine, du désir d'incarnation de notre âme, de notre mission de vie.

Nous sommes nés à ce monde dotés de magnifiques potentialités.

Nous sommes nés à ce monde avec la capacité de faire le choix de notre liberté d'être.

Nos incontournables conditionnements

Il est essentiel de prendre conscience que nos comportements sont la résultante d'apprentissages ayant pour effet de nous modeler. Ainsi, notre relation au monde et aux gens, nos habitudes, notre système de pensées, notre mode de gestion émotionnelle seraient sous tendus par des conditionnements. En effet, de notre naissance à notre mort, nous baignons dans des environnements, nous vivons des expériences, nous intégrons des influences langagières ou comportementales qui vont progressivement nous façonner.

Nous évoluons donc dans ce monde en nous conformant à notre perception des règles, des normes sociales, culturelles, familiales, éducationnelles, religieuses.

Nous avançons donc dans ce monde sous influences externes sans en être totalement conscients. On parle alors des conditionnements qui sont à l'œuvre et qui guident nos choix.

Le conditionnement se définit comme la mise en place d'un comportement provoqué à l'origine par un stimulus artificiel. Dans le cadre du comportement humain, on distingue deux types de conditionnements influents : le conditionnement classique et le conditionnement opérant.

Dans le cas du conditionnement classique, le stimulus serait un évènement extérieur alors que pour le conditionnement opérant, il résulterait d'une action personnelle de l'individu.

Examinons de plus près ces deux types de conditionnements.

Le conditionnement classique de notre enfance repose sur le principe que nous agissons en fonction des expériences vécues, considérées comme des évènements extérieurs à la personne. Ces dernières, lorsqu'elles sont répétées, laissent en nous des empreintes qui induisent nos comportements, nos schémas répétitifs. La probabilité qu'un comportement se répète va diminuer ou augmenter en fonction de renforcements donnés par l'environnement de vie.

Prenons l'exemple d'un enfant a qui on fait régulièrement des remarques sur son physique, sur sa manière de se tenir, de s'exprimer, sur ce qu'il est en fait (évènement extérieur), il s'ensuit chez lui des croyances qui modifient sa propre perception de lui et induisent par conséquent des comportements dans sa relation à lui-même et aux autres. Cette racine qui parfois est inconsciente, peut être à l'origine de troubles liés à l'image de soi, de difficultés de confiance en soi, d'adaptation à l'environnement, de troubles du comportement alimentaires, de l'anxiété sociale...

Le conditionnement opérant lui, résulte de notre propre expérience et ce sont les conséquences perçues par nous comme positives ou négatives, agréables ou désagréables qui par la suite favorisent ou pas, le comportement lui-même.

Par exemple, un enfant qui s'est construit avec la perception du manque d'amour, du vide affectif et qui a intégré que la présence humaine était plus nourrissante affectivement lorsqu'il était malade, peut développer une santé fragile. Il s'agit pour lui inconsciemment, d'une décision de survie sous tendue par un bénéfice : recevoir l'amour de ses proches.

Dans son grand besoin d'amour, l'être humain cherche en permanence à faire plaisir, à s'adapter, à ne pas décevoir, à se justifier... C'est une raison qui donne force à l'impact de nos conditionnements parce-que nous intégrons ces derniers comme des modèles à suivre pour être acceptés dans ce monde.

Ces conditionnements de notre enfance représentent donc des premières empreintes déterminantes. Ces dernières sont à l'origine de boucles neuronales, racines de schémas répétitifs qui restent présents toute la vie si on ne les conscientise pas et n'y travaille pas.

Il est essentiel de comprendre que si ces conditionnements inconscients nous donnent un sentiment d'appartenance à un groupe, une culture, une société, il n'en demeure pas moins qu'ils rendent l'Homme asservi, qu'ils le limitent dans le développement de son plein potentiel et dans sa liberté d'être. En effet, une fois installés ils vont créer engendrer des comportements parfois disproportionnés eu égard à la situation.

En acceptant que ces conditionnements perdurent, nous construisons notre prison, une prison qui nous coûte en énergie, qui nous épuise et nous empêche d'Etre librement.

Les principaux terrains de nos conditionnements

Nous arrivons au monde avec nos structures de personnalité, qu'elles soient la structure paranoïaque, narcissique, phobique, obsessionnelle, anxieuse évitante, dépendante, hystérique... Ces dernières constituent notre base psychologique et participent à notre perception de notre environnement, de nos situations de vie, de nos relations à l'autre et à soi. Elles nous servent de filtres, de paires de lunettes et déterminent notre carte du monde.

Ainsi, dès notre naissance, il nous est donné de côtoyer différents environnements que nous allons percevoir, ressentir et desquels nous allons puiser nos matériaux de construction.

Parmi ces environnements, notre environnement familial, celui qui va nous accueillir. Nos figures parentales y jouent un rôle essentiel, elles sont nos premiers modèles d'identification, nos liens d'attachement et d'eux, nous recevons des croyances, des valeurs, des attentes, des messages, en fait leurs croyances, leurs valeurs, leurs attentes. Ces derniers représentent les premiers pas vers nos conditionnements.

Viennent ensuite la garderie, l'environnement scolaire et amical. Ces environnements seront des terrains d'expressions et d'expérimentations des conditionnements reçus de nos figures parentales. Nous allons aussi y puiser d'autres codes, d'autres repères, d'autres attendus, d'autres conditionnements alimentés par d'autres figures influentes.

Puis, en parallèle à ces différents socles, intervient l'impact de l'environnement religieux qui renforce considérablement ces précédents conditionnements. La catéchèse et la pratique des cultes nous donnent le sentiment d'une vie conforme à un attendu, cependant elles modèlent notre quotidien de commandements, de devoirs à accomplir, de sanctions possibles, de nécessaires pardons qui peuvent être sources de détresse, de culpabilité, de craintes et d'incapacités à atteindre un objectif qui nous paraît juste inatteignable.

Nous baignons donc dans différents environnements qui nous construisent en nous inculquant des normes à respecter, la notion du bien et du mal, du bon et du mauvais, de l'acceptable et de l'inacceptable. Ils induisent inexorablement un esprit de comparaison, de jugement et d'auto-jugement par rapport à un attendu qui correspond à une norme.

Enfin, dès notre jeune âge, nous sommes confrontés à des évènements de vie tels que les décès, les naissances, les incidents, les accidents. Ils constituent nos vécus et à ce titre, laissent en nous d'autres empreintes.

Toutes ces précédentes expériences conduisent à l'installation de croyances qui lorsqu'elles sont limitantes peuvent représenter un frein à notre fonctionnement.

Une croyance est un processus mental par lequel une personne croit «dur comme fer» à une idée ou une opinion, qu'elle considère comme une vérité absolue sans l'avoir nécessairement vérifié au préalable. Ainsi, les croyances vont être de puissants vecteurs dans notre relation à la vie, aux autres, à nous.

Ces conditionnements sont à l'évidence, à la base de transformations profondes parce qu'à l'origine nous sommes des êtres spontanés, joyeux et qu'au fil du temps, nous nous construisons en nous attachant à des repères qui s'imposent à nous et deviennent incontournables. Dès lors, nous développons des comportements, des positionnements en adéquation avec ces conditionnements. De fait, en agissant ainsi, nous nous abandonnons inéluctablement sur le bord de la route et poursuivons notre chemin, habités par notre système de valeurs et de croyances qui seront les points d'ancrage de tous nos choix.

C'est ainsi que, dans notre grand besoin d'appartenance, de reconnaissance et d'amour, lorsque nous vivons une situation, nous cherchons spontanément à nous conformer aux règles et normes sociales et adoptons par choix conscient ou inconscient un comportement que nous estimons être plus conforme à ce que l'on attend de nous. Nous optons donc pour un comportement plus lisse, plus acceptable et tendons ainsi à nous conditionner.

Notre égo aux commandes, nous mettons tout en œuvre pour être visibles, reconnus, appréciés ou acceptés. Persuadés qu'en nous adaptant ainsi nous limitons le risque de rejet ou de blessure et donc, nous nous protégeons de ce qui pourrait représenter pour nous une source de souffrance et d'insécurité.

Nous faisons ainsi, dans nos différentes sphères de vie : personnelle, professionnelle, sentimentale, des choix de masques sociaux qui modifient notre relation au monde et nous accordons de l'importance au regard des autres

Si nous imageons ce propos, c'est comme si nous mettions en permanence les habits des autres parce que nous jugeons qu'ils sont mieux que les nôtres.

Mais ces habits nous vont-ils ?
À quoi ressemblons nous quand nous les portons ?

C'est inexorablement que le Paraître prend le dessus sur l'Être avec le risque qu'un jour nous soyons tellement pris (es) avec ce paraître qu'il nous apparaisse comme étant notre Être véritable, comme une double peau.

Chemin vers soi ; notes personnelles

Qu'est-ce je perçois comme conditionnements dans ma vie ?

_____

_____

_____

_____

_____

_____

_____

_____

De nos conditionnements à notre attitude de vie

Au risque de me répéter, il me semble important de bien poser quelques bases de compréhension sur lesquelles reposent l'impact de nos conditionnements.

Nous l'avons vu précédemment, nos premiers conditionnements nous viennent de nos mémoires transgénérationnelles puis de nos figures parentales desquelles nous recevons différents types de messages qui constituent des empreintes marquantes et déterminantes. Parmi ces messages, nous retenons les contre-injonctions, les programmes et les injonctions qui nous façonnent :

Les contre-injonctions données entre 3 et 12 ans sont des commandements verbaux qui nous expliquent ce qu'il faut faire ou pas faire, nous aident dans notre définition du monde et des autres. Ils nous montrent le chemin pour être conformes en étant sages, en travaillant bien à l'école, en faisant plaisir, en étant forts, parfaits, en faisant des efforts....

Les programmes sont des messages qui nous indiquent comment faire les choses, par exemple, ranger la chambre, être le meilleur en classe...

Les injonctions et permissions données jusqu'à 6 / 8 ans sont des messages non verbaux émis par les parents et perçus par l'enfant dans sa grande perméabilité émotionnelle. Même non formulés verbalement, ils impactent fortement son comportement.

Au contact des parents, l'enfant peut percevoir les injonctions du type : n'existe pas, ne sois pas toi-même, ne réussis pas, ne sois pas important, ne sois pas en bonne santé, laisse-moi tranquille, tais-toi... Adulte, les conséquences de ces injonctions perçues lorsque nous étions enfants, vont se manifester dans notre quotidien, par des malaises, des ressentis corporels difficiles à comprendre et à expliquer.

Ces empreintes issues de nos mémoires transgénérationnelles, de notre vie intra utérine et de nos premières années de vie, vont constituer la matrice de scénario de l'enfant.

Elles seront les racines de ses premières décisions de survie pour s'adapter et être au monde.

Elles constitueront sa réponse à sa perception de ce monde dans lequel il a désormais à vivre.

À partir de la matrice de scénario, l'enfant écrira son scénario de vie ou plan de vie et se comportera en fonction de ses conditionnements

Notre scénario de vie est notre histoire de vie, écrite par nous dès la vie intra utérine et jusqu'à nos sept ans environ. Il est sous tendu par les décisions prises par le petit que nous étions, en fonction de ce qu'il perçoit et intègre de ses vécus. Il déterminera la manière dont il va se comporter désormais pour faire face aux expériences qu'il aura à vivre. Il déterminera aussi ses croyances, ses pensées, ses choix...

C'est donc ces décisions prises lorsque nous étions enfant qui donnent à notre vie une direction. Notre Enfant Intérieur est donc porteur de toutes ces premières empreintes et de tous ces premiers choix.

À l'adolescence, cette histoire sera revisitée, les modèles reçus seront questionnés, triés dans le but de finaliser la construction de notre identité.

À l'âge adulte les matériaux de construction du scénario sont hors d'atteinte du champ de la mémoire consciente et pourtant ils sont toujours à l'œuvre. Au quotidien, nous fonctionnons donc en mode « pilotage automatique » et notre vie est peuplée de « schémas répétitifs ».

Nos choix actuels émanent donc des décisions aujourd'hui inconscientes, prises en fonction de la perception du monde que nous avions encore petits, associée à notre besoin d'amour, de reconnaissance, d'acceptation des autres. Pour ce faire, en étant petits nous prenons des décisions du moindre mal pour nous et nous optons pour un positionnement qui nous permet de survivre, en nous adaptant au mieux à ce que nous pensons être l'attendu des autres, de notre culture, de notre société. L'objectif sous-jacent est la quête d'appartenance au groupe qui nous donne le sentiment d'exister.

Habités par ce besoin prégnant, nous n'avons de cesse de chercher à faire plaisir, à donner, à partager, à aider, à soutenir, à répondre aux demandes des autres, demandes parfois non exprimées mais ressenties comme attendues par nous.

Habités par ce besoin vital, nous n'avons de cesse de nous adapter et donc d'être suspendus aux regards et aux propos des autres, en alerte et en crainte sur ce qu'ils nous renvoient de nous.

Alors, pour éviter l'inacceptable, pour nous remplir de nourritures affectives, nous faisons le choix inconscient du respect de l'autre, de ces attentes sur nous, de ces attentes pour nous. En faisant le choix de l'autre, nous faisons aussi le choix du déni de nous-mêmes et nous nous éloignons de nous et de notre liberté d'être.

Petits donc, en nous adaptant à notre réalité du monde, nous acceptons d'intégrer et de nous laisser construire par des croyances, des messages, en fait des attendus venus de l'extérieur. Ces derniers sont d'autant plus facilement acceptés qu'ils nous viennent très tôt de nos figures d'attachement que sont nos parents, ces parents en qui l'enfant a confiance, ces parents de qui il attend de l'amour, ces parents qui font figure de référence.

Ainsi, de manière inconsciente, influencés par nos filtres, habités par nos conditionnements, nous décidons d'être des victimes, des sauveurs, des manipulateurs, des gentils, des méchants, des rebelles, des personnes transparentes, des serviables, des personnes fonctionnant en modes « sois parfait », « dépêche-toi », « sois fort », « fais plaisir », « fais un effort ».

Ces scénarios de vie sont à l'œuvre dans notre quotidien, ils s'accompagnent de pensées, de vibrations. En tant que vibrations, ces scénarios de vie auront un impact sur notre environnement. De fait, porteurs d'une typologie de pensées, de croyances..., nous allons donc attirer à nous des situations de même nature vibratoire qui vont renforcer ces mêmes pensées ou croyances.

En résumé, la première fois que nous contactons une situation et que nous y réagissons en fonction de nos décisions enfantines, nous créons une boucle neuronale, un sillon, comme une empreinte. Plus nous réactivons ce sillon ou cette boucle neuronale dans notre comportement face aux situations, plus le comportement va s'inscrire de manière durable et impacter désormais nos relations aux choses, aux gens, à nous-mêmes.

Une fois ces décisions prises, nous attirons de fait, des situations auxquelles nous avons appris à réagir et réactivons donc ces boucles neuronales.

Nous rentrons ainsi, dans des automatismes pour lesquels nous avons développé des comportements adaptatifs, qui même s'ils sont source de souffrances ou de difficultés permettent de rester dans une certaine zone de confort. D'expérience en expérience, de réactivation en réactivation, nous construisons notre manière d'être au monde et sommes persuadés qu'il est difficile d'en être autrement.

Doucement mais sûrement, que nos conditionnements proviennent de principes éducationnels, de croyances, de proverbes ou de notre propre perception, ils nous entravent en ce sens qu'ils nous éloignent de notre liberté d'être et à être.

Il est important de comprendre que nous avons notre part de responsabilité dans ce que nous sommes car nous sommes certes, la résultante de notre histoire de famille sur plusieurs générations, mais aussi et surtout, de ce que nous avons décidé d'en faire.

Il est primordial d'acter que nous sommes les prisonniers de nos propres pensées, croyances, comportements.

De mon point de vue, notre besoin de l'amour des autres explique partiellement mais explique tout de même, que nous tenions à être en conformité avec les conditionnements de notre enfance. Se montrer déloyal serait prendre le risque de se sentir rejeté... parce-que ne répondant pas aux attentes familiales, culturelles, sociétales.

Alors, même s'il nous est possible de choisir une autre voie, il nous est plus facile de faire le choix de la sécurité en nous laissant modeler par les conditionnements quels qu'ils soient.

De mon point de vue, notre besoin de l'amour des autres, explique partiellement certes, mais explique tout de même, que nous tenions à être en conformité avec les conditionnements de notre enfance. Nous montrer déloyaux, serait prendre le risque de nous sentir rejetés parce-que ne répondant pas aux attentes familiales, culturelles, sociétales.

Alors, même s'il nous est possible de choisir une autre voie, il nous est plus facile de faire le choix de la sécurité en nous laissant modeler par les conditionnements quels qu'ils soient.

Chemin vers soi ; notes personnelles

Quelles traces ces conditionnements ont-ils laissé dans ma vie ?

_____

_____

_____

_____

_____

_____

_____

Un conditionnement impactant : les proverbes

Le mode opératoire d'un conditionnement vécu comme positif ou négatif prend appui sur le fait que l'expérience va créer une empreinte qui se logera dans le cerveau reptilien. Si le sujet est soumis à une expérience répétitive, à force de reproduire cette expérience, il va réactiver cette empreinte. C'est ainsi qu'une situation, un propos ou un évènement peut induire de manière automatique, un comportement associé à une réaction psychologique, émotionnelle, physiologique. S'installe alors une habitude inconsciente qui échappe à notre contrôle tant elle devient routine de vie.

Le poids des conditionnements provenant de notre relation aux figures parentales, figures de référence donc de modélisation est essentiel. Cependant, n'oublions pas que ces conditionnements s'inscrivent dans un contexte culturel, dans un modèle sociétal déterminant car nous appartenons tous à un groupe social avec son origine, son évolution, ses fondements...

Ce livre s'inspire du contexte martiniquais. Le peuple martiniquais comme les autres a été pétri au fil des jours, des années, des siècles par son histoire et par ses espoirs.

Une histoire marquée par la déportation de milliers d'hommes et de femmes nés libres, extirpés des terres qui les ont vus naître et contraints à l'esclavage.

Une histoire marquée par des combats d'hommes et de femmes pour leur liberté, leur dignité, leur reconnaissance en qualité d'Hommes, d'êtres humains.

Dans ce contexte, 173 ans après l'abolition de l'esclavage, nous sommes encore très sensibles au respect des normes, des règles, du qu'en dira-t-on, tout cela associé à la crainte des sanctions quelles qu'elles soient. Ceci induit bien souvent une attitude d'auto-sanction sans en avoir vraiment conscience.

Dans notre contexte martiniquais, nous baignons dans une culture où l'oralité s'impose, où les mots sont force, où le regard de l'autre s'autorise aux jugements et aux critiques.

Dans notre contexte martiniquais, nous accordons de l'importance à la voix des aînés qui montrent le chemin et qui façonnent notre devenir.

Parmi les conditionnements actifs dans notre quotidien, j'ai fait le choix de faire porter le cœur de ce livre sur l'impact des proverbes et petites phrases qui ont pu jalonner notre enfance et ainsi laisser des empreintes en nous.

Ce livre s'inspire du contexte éducationnel martiniquais, cependant il se transpose facilement à d'autres contextes, d'autres cultures.

En effet, que nous nous soyons construits dans la culture antillaise, caraïbéenne, hexagonale, américaine..., nous sommes le fruit de nos conditionnements quels qu'ils soient. En prendre conscience en est la première étape, les regarder et mesurer l'effet qu'ils ont eu sur notre développement est une autre étape qui peut nous ouvrir à une autre prise de conscience, celle qui se veut libératrice pour faciliter l'expression de notre plein potentiel.

Le proverbe comme vecteur culturel

Le proverbe s'invite dans de nombreuses civilisations avec des spécificités, des colorations, des vibrations, des sonorités bien du pays ou du coin.

On connait les proverbes créoles, français, chinois, africains, arabes...

On les sait porter sur l'amour, les hommes, les femmes, la vie, l'argent....

Le proverbe fait partie intégrante du langage et illustre nos propos quotidiens, il s'invite autant dans nos conversations ordinaires que dans des discours construits rapportés.

Il est défini comme étant un court énoncé devenu d'usage commun et exprimant un conseil populaire, une vérité de bon sens ou d'expérience.

Il est considéré dans la conscience collective comme une formule langagière de portée générale contenant de la sagesse, de la vérité à rappeler pour accompagner le comportement. Cependant il est aussi vécu comme porteur de jugement, de violence, de possible sanction, de contrainte ou d'espoir.

De tout temps, le langage proverbial a été présent dans nos sociétés et a été l'expression des valeurs, des goûts, des habitudes d'une époque.

Cependant, il arrive que les proverbes soient intemporels, traversant les siècles et laissant leurs empreintes sur l'Homme de génération en génération, avec le même éclat, le même impact, le même pouvoir

de persuasion. Ils participent ainsi à notre matrice éducationnelle par une tradition orale au sein même des familles et des groupes sociaux.

Ils font partie intégrante de notre culture et à ce titre contribuent à façonner notre identité. De fait, ils deviennent une représentation ou une routine collective qui n'est plus examinée et remise en question mais qui s'applique et illustre la façon d'être et de se comporter.

Regard questionnant sur nos proverbes

Dans le contexte martiniquais, nous sommes imprégnés de la réalité agissante des proverbes et ce quel que soit l'âge ou la classe sociale. Ils nous touchent parce-que symboliquement, ils sont empreints d'ironie, d'humour, de fatalité, de gravité et que leur caractère oral fait que nous y associons la tonalité qui va encore davantage percuter notre conscience.

On peut difficilement lire ou entendre ces proverbes sans les imager et les ponctuer de sons car la sonorité des mots leur donne force, puissance et sens implacables.

Par ce livre, j'ai voulu faciliter une prise de conscience en interrogeant les proverbes et les petites phrases parsemés de-ci de-là dans le parler quotidien de nos familles martiniquaises.

Il s'agit pour moi d'interroger l'impact des proverbes et expressions familiales ou culturelles qui ont bercé notre enfance, sur nos croyances et nos comportements.

Le cœur du livre se fonde sur le témoignage de personnes de différentes tranches d'âge et classes sociales. Je les invite à un retour introspectif afin de percevoir les proverbes et expressions qui ont marqué leur enfance, le sens qui leur a été donné et l'effet qu'ils ont eu sur leurs comportements et leur trajectoire.

Je pose ensuite un regard différent sur ces matériaux, regard interpellant les fondements mêmes de ces proverbes et leurs impacts sur votre liberté d'être.

J'apporte enfin un éclairage personnel sur les informations recueillies, avec une question centrale : que comprendre en tant que limite au développement de l'humain et ouverture possible ?

Dans ce chapitre, essentiel pour poser les choses, je vous offre les retours d'expériences de ceux et celles d'entre vous qui ont accepté de reparcourir leur vie et de me partager les proverbes de leur enfance. Ces proverbes portent principalement sur les thématiques de la relation à la vie, à l'autre, aux émotions, à l'argent.

Rencontre avec nos proverbes

Tous autant que nous sommes, nous avons été touchés par des proverbes ou petites phrases, distribués de-ci delà par ceux qui avaient en charge notre éducation. Ils nous ont été distillés au gré des évènements pour guider, conseiller, faire prendre conscience, reprendre, menacer. Il n'en demeure pas moins que même si l'intention a pu être noble à la base, ces proverbes ont laissé en nous des empreintes, véritables semences des racines de nos croyances souvent limitantes. Ces proverbes ont impacté nos comportements tant dans leurs fondements que dans leurs effets.

Ce livre traduit mon regard sur nos proverbes, un regard qui a vu les effets de ces derniers sur l'humain, un regard qui mesure aujourd'hui combien nos chaînes nous ont empêché d'être et de nous exprimer tels que nous sommes.

Ce livre traduit mon ressenti et en aucune manière ne veut s'imposer à ceux, certainement nombreux, qui ont intégré les proverbes de leur enfance comme bénéfiques. Je respecte bien évidemment leur point de vue.

Ce livre invite à regarder et questionner nos proverbes en toute bienveillance pour ceux qui nous les ont transmis, car ils avaient j'en suis convaincue, le désir de contribuer à la mémoire collective pour poser des bases relationnelles, pour asseoir des valeurs fortes.

Mon souhait ici est de planter des graines en éveillant les consciences.

Je pose l'intention que ces graines trouvent un terrain fertile pour faire avancer notre génération et aussi celles qui viennent.

Approche de quelques proverbes à partir des témoignages collectés

Proverbes/Petites phrases

Sa ou fè, sa ou wè

(C'est ce que tu fais que tu vois)

Résumé des témoignages

Ce que j'ai/nous avons compris enfant	*Comment je l'ai/nous l'avons intégré dans mon/notre comportement*
J'ai compris que c'est comme tu fais ton lit tu te couches c'est-à-dire que tout acte a ses conséquences.	<ul><li>J'ai pris l'habitude de vivre l'instant présent sur la pointe des pieds, tout en pensant à demain.</li><li>Je me demande souvent ce que donnera la graine que j'ai plantée. L'ai-je bien arrosée, est-elle sur un sol fertile, l'ai-je taillée pour qu'elle donne de bons fruits demain...</li><li>Je me pose toujours beaucoup de questions et je manque parfois d'assurance par peur de m'être trompée... jusqu'à l'éclosion de la fleur...</li><li>Je veux vivre sans regret de mes actes passés, alors je réfléchis à deux fois avant de prendre une décision.</li></ul>

Regard de l'auteure sur les impacts de ces proverbes

Impacts dynamisants

- Désir de bien faire
- Attitude de prévoyance

Impacts limitants

- Tendance au contrôle, à la vigilance
- Manque de lâcher prise
- Crainte du lendemain
- Pression psychologique

Proverbes/Petites phrases
Sé mannyè ou fè kabann-ou ou ka dòmi
(C'est comme tu fais ton lit, tu dors)

Résumé des témoignages

Ce que j'ai/nous avons compris enfant	*Comment je l'ai/nous l'avons intégré dans mon/notre comportement*
J'ai compris qu'il est important de faire attention à ma façon d'agir avec mes parents, mes amis de façon à ne pas avoir ces mêmes comportements de mes enfants par la suite ou de d'autres personnes avec qui je suis en relation.	Cette petite phrase m'a donné des valeurs de respect dans la prise en compte des autres.

Regard de l'auteure sur les impacts de ces proverbes

Impacts dynamisants	**Impacts limitants**
• Respect • Bienveillance • Prise en considération de l'autre	• Pression psychologique • Crainte du lendemain • Quête de perfection • Quête du faire plaisir à l'autre • Tendance à s'adapter à l'autre au détriment de soi parfois

Proverbes/Petites phrases

Lavi-a sé pa an bòl toloman

(La vie n'est pas un bol de toloman[1])

Résumé des témoignages

Ce que j'ai/nous avons compris enfant	*Comment je l'ai/nous l'avons intégré dans mon/notre comportement*
J'ai compris que la vie n'est pas facile et qu'il faut beaucoup travailler pour obtenir ce que l'on veut.	J'ai souvent eu le sentiment d'être jugé sur mon jeune âge et sur mon manque d'expérience lorsqu'on m'énonçait cette phrase puisque ce sont souvent des personnes adultes qui me le disaient petit. Ce proverbe m'a donné envie de prouver que je pouvais obtenir mon « bol de toloman » par mes propres moyens.

Regard de l'auteure sur les impacts de ces proverbes

Impacts dynamisants	*Impacts limitants*
• Ténacité, endurance • Courage • Persévérance • Désir de réussite	• Notion de combat et d'efforts à faire sans cesse pour y arriver • Nécessité d'être fort • Perception d'un regard jugeant chez l'autre • Quête de perfection • Désir de prouver aux autres

---

[1] *Le toloman est une boisson nourrissante et fortifiante qui était donnée aux malades et aux enfants*

Proverbes/Petites phrases

Sé jèn-lan paka respekté ayen

An tan nou sa pa té kon sa

(Ces jeunes personnes ne respectent rien, de notre temps il en était autrement)

Résumé des témoignages

Ce que j'ai/nous avons compris enfant

Cette phrase me donnait le sentiment que pour les anciens, tous les jeunes faisaient de mauvaises choses, comme s'ils n'avaient jamais fait d'erreurs au même âge.

Comment je l'ai/nous l'avons intégré dans mon/ notre comportement

Cette phrase m'a toujours dérangé, puisqu'en l'entendant on se sent soi-même critiqué en tant que jeune participant à une conversation d'adultes.

Par conséquent, aujourd'hui, je suis toujours très avenant avec les personnes âgées comme si je dois prouver qu'un jeune n'est pas irrespectueux et mal-élevé.

Regard de l'auteure sur les impacts de ces proverbes

Impacts dynamisants

- Être gentil
- Conformité aux normes
- Respect des règles
- Comportement de l'adulte comme un modèle à suivre

Impacts limitants

- Culpabilité
- Perception d'un regard jugeant chez l'autre
- Quête de perfection
- Sentiment de ne pas y arriver
- Dévalorisation
- Sentiment d'impuissance

Proverbes/Petites phrases

Lé konséyè pa lé péyè

(Les conseillers ne sont pas les payeurs)

Résumé des témoignages

Ce que j'ai/nous avons compris enfant	*Comment je l'ai/nous l'avons intégré dans mon/notre comportement*
J'ai compris qu'il vaut mieux éviter d'écouter l'avis de certaines personnes, se fier aveuglément aux gens car on ne sait jamais ce qui les motive. J'ai compris aussi que chaque personne subit les choix qu'elle fait et qu'il est donc nécessaire de mener en amont une réflexion personnelle avant toute prise de décision.	Je pense que ce proverbe m'a appris qu'il est important de se faire son propre avis sur un sujet. Il m'a appris à faire attention aux gens mal intentionnés. Cependant, dans certains cas cela peut se transformer en méfiance. J'ai le sentiment que parfois le proverbe se retourne contre nous alors que nos intentions envers la personne que l'on veut aider sont bonnes.

Regard de l'auteure sur les impacts de ces proverbes

Impacts dynamisants	*Impacts limitants*
• Prudence • Autonomie • Esprit d'analyse et de décision	• Méfiance • Vigilance • Risque de fermeture du coeur

Proverbes/Petites phrases

Mwen bay an bon brèch

(Je lui ai donné de l'élan)

Résumé des témoignages

Ce que j'ai/nous avons compris enfant	Comment je l'ai/nous l'avons intégré dans mon/notre comportement
J'ai compris que cela m'était dit quand j'avais bien avancé dans une tâche.	Ce proverbe a fait que dans la vie, je me dis souvent « tu as atteint une partie de tes objectifs, continue à persévérer.

Regard de l'auteure sur les impacts de ces proverbes

Impacts dynamisants	Impacts limitants
• Persévérance • Ténacité • Combativité • Désir de relever des challenges	• Nécessité d'être fort et d'être dans l'effort • Quête de perfection • Pression psychologique • Insatisfaction • Beaucoup de « il faut que…»

Proverbes/Petites phrases

Déja pou yonn

(Premièrement …)

Résumé des témoignages

Ce que j'ai/nous avons compris enfant	*Comment je l'ai/nous l'avons intégré dans mon/notre comportement*
Cela n'avait aucun sens pour moi enfant et c'est le geste qui accompagnait ce propos qui m'a fait comprendre ce que cela signifiait en français : déjà pour un.	Cette expression accompagnait un reproche, une sanction. Quand je l'entendais, je m'attendais à une suite peu agréable pour moi. Je me faisais toute petite et craintive. Ex : déjà pou yonn mwen pa lé wè'w isi'a : premièrement, je ne veux pas te voir ici…

Regard de l'auteure sur les impacts de ces proverbes

Impacts dynamisants	Impacts limitants
• Respect des règles et du cadre posés • Ecoute et obéissance	• Perception d'un regard jugeant et critique chez l'autre • Soumission • Crainte du regard • Peur de l'autre, de l'autorité

Proverbes/Petites phrases

Ou pa lé manjé, ou ka dòmi koté'y

*(Tu ne veux pas manger, tu vas dormir à côté en somme,
tu n'auras rien d'autre)*

Résumé des témoignages

Ce que j'ai/nous avons compris enfant	*Comment je l'ai/nous l'avons intégré dans mon/notre comportement*
J'ai compris que si je ne mangeais pas, je dormirais sans manger ou je serais privée de dessert et qui plus est une autre personne mangerait mon repas.	J'ai appris à accepter ce qui m'était donné sans riposter. Même si je n'aimais pas, je mangeais Avec du recul j'appelle cela « la douce violence ».

Regard de l'auteure sur les impacts de ces proverbes

Impacts dynamisants	*Impacts limitants*
Respect des règles et du cadre	• Obéissance absolue • Absence de liberté de choix • Peur de l'autre, de l'autorité, des sanctions • Humiliation

Proverbes/Petites phrases

Tété pa jen two lou pou lestonmak

(Les seins ne sont jamais trop lourds pour l'estomac)

Résumé des témoignages

Ce que j'ai/nous avons compris enfant	Comment je l'ai/nous l'avons intégré dans mon/notre comportement
J'ai compris que lorsqu'on rencontre des difficultés, on a toujours les ressources pour les gérer.	Je vis en ayant intégré que lorsque j'ai un problème, même quand c'est dur, je l'accepte car s'il m'a été donné, c'est que je suis en capacité de le gérer.

Regard de l'auteure sur les impacts de ces proverbes

Impacts dynamisants	Impacts limitants
• Force • Fierté • Endurance et courage • Résilience	• Refoulement de la souffrance et des émotions /carapace • Quête de perfection • Nécessité d'être fort • Pression psychologique • Risque de dépression

Proverbes/Petites phrases

Fanm sé chatenn, tonbé rilévé

(La femme est comme un châtaignier, elle tombe et se relève)

 **Résumé des témoignages**

Ce que j'ai/nous avons compris enfant	Comment je l'ai/nous l'avons intégré dans mon/notre comportement
J'ai compris que la femme était forte et qu'elle se relève toujours de ses épreuves.	Chaque fois qu'il m'arrivait de vivre quelque chose de douloureux, je serrais les dents et me relevais.

Regard de l'auteure sur les impacts de ces proverbes

Impacts dynamisants	Impacts limitants
• Force • Endurance et courage • Combativité	• Maîtrise et refoulement de ses émotions • Pression psychologique • Carapace

Proverbes/Petites phrases

Bouden'w gran pasé jaden'w

(Ton ventre est plus grand que ton jardin)

Résumé des témoignages

Ce que j'ai/nous avons compris enfant	*Comment je l'ai/nous l'avons intégré dans mon/notre comportement*
J'ai compris que j'avais les yeux plus gros que le ventre et donc que j'allais là où je n'avais pas à être.	J'ai appris que dans la vie, je dois rester à ma place ou en tout cas, ne pas prendre trop de place. Je ne dois pas demander plus que ce que j'ai déjà.

Regard de l'auteure sur les impacts de ces proverbes

Impacts dynamisants	*Impacts limitants*
• Être raisonnable • Discrétion	• Problématique de place, de positionnement • Sentiment de devoir être transparente • Action sur l'estime de soi • Crainte du regard de l'autre

Proverbes/Petites phrases

Mwen pa ni an pié lajan ka soukwé

(Je n'ai pas d'arbre d'argent que je secoue)

 **Résumé des témoignages**

Ce que j'ai/nous avons compris enfant	*Comment je l'ai/nous l'avons intégré dans mon/notre comportement*
J'ai compris que l'argent ne vient pas facilement et doit donc se dépenser avec parcimonie.	J'ai grandi avec l'idée que je dois transpirer / souffrir pour avoir de l'argent et je ne dois le dépenser que pour des choses sérieuses ou vitales, pas pour le plaisir ou pour moi. Par ailleurs, j'ai grandi avec l'idée que je ne dois pas demander plus que ce que j'ai déjà.

Regard de l'auteure sur les impacts de ces proverbes

Impacts dynamisants	*Impacts limitants*
• Valeur argent	• Combat pour avoir de l'argent
• Calcul et réflexion avant d'agir	• Frein dans la fluidité à l'argent
• Maîtrise des dépenses	• Difficulté à prendre plaisir à …

Proverbes/Petites phrases

Plas ou sé an simityè i yé

(Ta place est au cimetière)

Résumé des témoignages

Ce que j'ai/nous avons compris enfant	Comment je l'ai/nous l'avons intégré dans mon/notre comportement
J'ai compris que je n'ai aucune place qui m'appartienne, donc que je n'en ai pas à réclamer. J'ai à me contenter de ce que l'on me donne. La seule place qui me serait réservée est au cimetière.	J'ai appris que ce n'est pas la peine de chercher sa place, elle n'existe pas, que je la trouverai seulement le jour de ma mort. Chaque fois que je voulais réclamer mon dû, cette phrase me revenait à l'esprit comme pour me rappeler que je n'avais droit à rien et que ce n'était pas la peine de réclamer car la seule place qui m'était garantie était au cimetière, le jour de ma mort.

Regard de l'auteure sur les impacts de ces proverbes

Impacts dynamisants	Impacts limitants
• Frein à l'égocentrisme • Respect de l'autre • Humilité	• Problématique de place et de positionnement • Impact sur l'estime et l'affirmation de soi • Attitude de perdant pour éviter de briller • Tendance à être transparent

Proverbes/Petites phrases

Sé sa ki an fal-ou ki ta'w

(C'est ce qui est dans ton ventre qui t'appartient)

Résumé des témoignages

Ce que j'ai/nous avons compris enfant	Comment je l'ai/nous l'avons intégré dans mon/notre comportement
J'ai compris que ce qui t'appartient, c'est ce que tu possèdes déjà, qui porte ton nom.	Pour moi, j'ai intégré que dans la vie, il est important d'avoir de la volonté si on veut posséder quelque chose.

Regard de l'auteure sur les impacts de ces proverbes

Impacts dynamisants	Impacts limitants
• Volonté	• Quête de perfection
• Désir de réussite	• Pression due au désir d'être endurant
• Combativité	• Être toujours en effort
• Endurance	

Proverbes/Petites phrases

Kalkil fèt avan la pèy

(Avant d'avoir à payer, il faut calculer, réfléchir)

Résumé des témoignages

Ce que j'ai/nous avons compris enfant	*Comment je l'ai/nous l'avons intégré dans mon/notre comportement*
Pendant longtemps, j'ai associé cette expression aux problématiques d'argent uniquement avant de comprendre qu'il faut réfléchir avant de prendre toute décision.	Dans ma vie, j'ai intégré que j'ai besoin de temps avant d'agir. Cela me permet de réfléchir et d'être certain de mes choix. Ainsi, je prends moins de risque.

Regard de l'auteure sur les impacts de ces proverbes

Impacts dynamisants	*Impacts limitants*
• Prudence • Esprit d'analyse et de décision	• Tendance au contrôle et manque de lâcher prise • Pression du lendemain et de la décision • Crainte de ne pas y arriver

Proverbes/Petites phrases

Ou pé pa kité an sisi malen pasé'w

(Tu ne peux pas laisser un oiseau être plus malin que toi)

 **Résumé des témoignages**

Ce que j'ai/nous avons compris enfant	*Comment je l'ai/nous l'avons intégré dans mon/notre comportement*
J'ai compris que si je ne suis pas capable de réfléchir avant de m'engager, c'est que je suis plus bête qu'un oiseau (petite cervelle).	Avant de prendre une décision, je réfléchissais par deux fois et j'anticipais autant que possible pour ne pas être pris au dépourvu.

Regard de l'auteure sur les impacts de ces proverbes

Impacts dynamisants	*Impacts limitants*
• Anticipation • Réflexion pour les bons choix • Esprit d'analyse	• Honte en cas de non-réussite • Quête de perfection • Manque de lâcher prise et de spontanéité • Crainte de son regard et du regard des autres

Proverbes/Petites phrases

Two présé pa ka fè jou wouvè

(Etre trop pressé n'aide pas le jour à arriver)

 **Résumé des témoignages**

Ce que j'ai/nous avons compris enfant	Comment je l'ai/nous l'avons intégré dans mon/notre comportement
J'ai compris que si tu es trop pressée, tu ne verras pas le jour, tu n'y arriveras pas.	Je me suis toujours dit : Sois patiente et tu obtiendras ce dont tu as besoin, car tout arrive à point pour qui sait attendre.

Regard de l'auteure sur les impacts de ces proverbes

Impacts dynamisants	Impacts limitants
<ul><li>Patience</li><li>Foi</li><li>Persévérance</li></ul>	<ul><li>Nécessité de tenir bon</li><li>Nécessité d'être fort envers et contre tout</li><li>Pression psychologique</li></ul>

Proverbes/Petites phrases

Bèf douvan bwè dlo klè

(Les bœufs de devant boiront de l'eau claire)

Résumé des témoignages

Ce que j'ai/nous avons compris enfant	*Comment je l'ai/nous l'avons intégré dans mon/notre comportement*
J'ai compris que le monde sourit à ceux qui se lèvent tôt.	J'ai intégré qu'il est important d'être parmi les premiers pour être les mieux servis.

Regard de l'auteure sur les impacts de ces proverbes

Impacts dynamisants	*Impacts limitants*
• Désir de réussite • Esprit d'analyse et de décision • Rapidité	• Quête de perfection • Manque de bienveillance par rapport aux autres • Nécessité de se battre • Pression pour y arriver

Proverbes/Petites phrases

Débouya pa péché

(Etre débrouillard, n'est pas un péché)

Résumé des témoignages

Ce que j'ai/nous avons compris enfant	Comment je l'ai/nous l'avons intégré dans mon/notre comportement
J'ai compris que je pouvais m'autoriser certains écarts pour y arriver, et que ce n'était pas si grave.	Dans ma vie, j'ai à maintes reprises frôlé avec l'admissible pour y arriver. Cela a fait naître chez moi de la culpabilité et de la honte malgré la joie apparente.

Regard de l'auteure sur les impacts de ces proverbes

Impacts dynamisants	Impacts limitants
• Réussir avant tout • Dépassement de soi • Tendance à oser	• Prise de risque • Risque de difficultés dans la relation aux autres • Culpabilité et honte • Manque de bienveillance et de respect vis-à-vis de l'autre

Proverbes/Petites phrases

Arété fè sik

(Arrête de faire du cinéma)

Résumé des témoignages

Ce que j'ai/nous avons compris enfant	*Comment je l'ai/nous l'avons intégré dans mon/notre comportement*
J'ai compris que je devais éviter de me faire remarquer.	Lorsque j'exprime ma colère, ma peur, ma joie ou ma tristesse, je ne suis pas à l'aise et j'ai souvent honte de me montrer. Je me sens extravagante.

Regard de l'auteure sur les impacts de ces proverbes

Impacts dynamisants	*Impacts limitants*
• Nécessité d'une certaine décence dans le comportement • Respect des règles • Tenue en société	• Refoulement des émotions • Perception d'un regard jugeant chez l'autre • Honte • Carapace

Proverbes/Petites phrases

Sa zyé pa wè tchè pa fè mal

(On a mal que pour ce que l'on voit)

Résumé des témoignages

Ce que j'ai/nous avons compris enfant	Comment je l'ai/nous l'avons intégré dans mon/notre comportement
J'ai compris que ne pas savoir est une protection et qu'il n'est pas nécessaire de rechercher la vérité car celle-ci serait trop dure à vivre et à supporter.	Ce proverbe a beaucoup influencé mes choix ou mes non-choix et clairement, j'ai joué à l'aveugle par peur d'affronter la réalité.

Regard de l'auteure sur les impacts de ces proverbes

Impacts dynamisants	Impacts limitants
• Maîtrise de soi • Acceptation de ce qui est	• Refoulement de ses émotions • Perception d'un regard jugeant chez l'autre • Honte • Déni • Manque d'ouverture et de spontanéité

Proverbes/Petites phrases

An nonm sé an poto doubout ki pouri, si ou apiyé anlè'y ou tonbé

(Un homme est un poteau pourri qui est debout, si tu t'appuies sur lui, tu tombes)

Résumé des témoignages

Ce que j'ai/nous avons compris enfant	Comment je l'ai/nous l'avons intégré dans mon/notre comportement
J'ai compris que la femme ne peut pas compter sur l'homme, car il n'est pas fiable et ne peut apporter de la stabilité. Il est nécessaire d'apprendre à se débrouiller seul.	J'ai été méfiante vis-à-vis des hommes. J'ai grandi avec l'idée que la femme devait être un poteau mitan, autonome et devant gagner sa liberté.

Regard de l'auteure sur les impacts de ces proverbes

Impacts dynamisants	Impacts limitants
• Prudence dans les relations hommes/femmes • Protection • Autonomie • Affirmation de soi	• Méfiance • Risque que la relation homme/femme soit abîmée • Combativité amenant à des pressions • Vigilance, contrôle

Proverbes/Petites phrases

La désobéissance est toujours punie

Résumé des témoignages

Ce que j'ai/nous avons compris enfant	*Comment je l'ai/nous l'avons intégré dans mon/notre comportement*
J'ai compris que si je désobéisais, je serais punie. Il fallait donc faire ce que me disait l'adulte si je voulais que tout se passe bien pour toi.	J'ai vécu dans une certaine forme de soumission et habitée par la culpabilité si je fais ce que bon me semble et si je n'écoute pas les conseils donnés.

Regard de l'auteure sur les impacts de ces proverbes

Impacts dynamisants	*Impacts limitants*
• Respect des règles érigées • Adaptabilité	• Non confiance dans les relations • Soumission • Frein à la curiosité • Acceptation des sanctions si non-respect des règles • Culpabilité

Proverbes/Petites phrases

Sé pa toujou tchuiyè kay migan

(Ce n'est pas toujours la cuillère chez le migan)

Résumé des témoignages

Ce que j'ai/nous avons compris enfant	Comment je l'ai/nous l'avons intégré dans mon/notre comportement
J'ai compris que ce ne sont pas toujours les mêmes qui doivent être invités et les mêmes qui reçoivent.	Ce propos a été pour moi réaliste et dans ma vie, je veille à ne pas laisser les autres profiter de moi. Parallèlement on nous a appris à donner, fort heureusement.

Regard de l'auteure sur les impacts de ces proverbes

Impacts dynamisants	Impacts limitants
• Quête du respect de soi par l'autre • Recherche de justice	• Méfiance, vigilance et contrôle • Manque de lâcher prise • Fermeture du coeur

Proverbes/Petites phrases

Sé lè ou pa ni kochon ou ka wè manjé kochon ou ka pèd

(C'est lorsque tu n'as pas de cochon que tu te rends compte de la nourriture que tu perds)

Résumé des témoignages

Ce que j'ai/nous avons compris enfant	*Comment je l'ai/nous l'avons intégré dans mon/notre comportement*
J'ai compris que ce n'est que quand on a perdu quelqu'un ou quelque chose, qu'on se met à apprécier ce que l'on a eu.	J'ai trouvé cette phrase belle et pleine de vérité. Elle me permet de réaliser tout ce que nos parents avaient à nous donner et dont je n'ai pas suffisamment profité.

Regard de l'auteure sur les impacts de ces proverbes

Impacts dynamisants	*Impacts limitants*
• Valeur humaine • Ouverture de cœur • Vivre l'instant présent	• Culpabilité et regret • Perception d'un regard jugeant sur soi, sur son comportement

Proverbes/Petites phrases

Ti poul suiv ti kanna i mò néyé

(Les poules suivent les canards et se noient)

Résumé des témoignages

Ce que j'ai/nous avons compris enfant	Comment je l'ai/nous l'avons intégré dans mon/notre comportement
Ma famille parlait peu. J'ai compris que l'idée de ce proverbe était de me décourager d'avoir des amis, de ne pas suivre les mauvaises personnes qui m'amèneraient dans des situations néfastes. J'ai compris qu'en suivant des camarades je pourrais me retrouver dans de beaux draps !	Je n'avais effectivement pas d'amis / amies, je restais seule avec mon amie la lecture. La deuxième conséquence a été le manque de confiance en moi et dans les autres. Encore aujourd'hui, je fais tout pour ne pas me laisser influencer par les autres.

Regard de l'auteure sur les impacts de ces proverbes

Impacts dynamisants	Impacts limitants
• Protection • Esprit de discernement	• Méfiance, vigilance • Crainte de se tromper • Enfermement • Manque de confiance

Proverbes/Petites phrases

Ou sé lang kabrit

(Tu es la langue du cabri)

Résumé des témoignages

Ce que j'ai/nous avons compris enfant	*Comment je l'ai/nous l'avons intégré dans mon/notre comportement*
C'est mon père qui disait cela de ma mère devant nous, quand elle lui déconseillait de faire quelque chose et que suite à la non prise en compte du conseil, il y avait un problème. J'ai compris que ma mère avait un pouvoir et qu'il ne fallait pas lui désobéir.	J'ai vécu dans la crainte et me mettais la pression quand je faisais quelque chose qu'elle n'approuvait pas.

Regard de l'auteure sur les impacts de ces proverbes

Impacts dynamisants	*Impacts limitants*
Respect du propos de l'adulte	<ul><li>Crainte de mal faire</li><li>Peur des représailles</li><li>Limite dans la liberté et dans la curiosité</li></ul>

Proverbes/Petites phrases

Pa rakonté moun zafè'w

(Ne raconte pas tes affaires aux gens)

Résumé des témoignages

Ce que j'ai/nous avons compris enfant	Comment je l'ai/nous l'avons intégré dans mon/notre comportement
J'ai compris que quand tu te confies à quelqu'un, tu prends le risque que la personne raconte ce que tu lui as dit.	Ce proverbe m'a appris la méfiance vis-à-vis des autres et ça va plus loin car il s'agit de ne pas faire confiance à l'autre et aussi ne pas se faire confiance.

Regard de l'auteure sur les impacts de ces proverbes

Impacts dynamisants	Impacts limitants
• Protection • Discrétion	• Méfiance • Manque de confiance en la relation et en soi • Fermeture • Crainte • Insécurité relationnelle

Proverbes/Petites phrases

Ti kochon ka di manman'y poutchi djòl li long kon sa ek manman'y ka réponn-li tanto, tanto...

(Le petit cochon dit à sa mère pourquoi ton museau est aussi long et la mère, de lui dire, tantôt,...)

Résumé des témoignages

Ce que j'ai/nous avons compris enfant	*Comment je l'ai/nous l'avons intégré dans mon/notre comportement*
J'ai compris que quand je vois quelque chose, je dois me taire, pour ne pas prendre le risque de devoir rendre des comptes.	Dans ma vie, je me suis toujours dis que si je dis ce que je pense, je prends le risque d'être éclaboussée. J'évite donc de me prononcer.

Regard de l'auteure sur les impacts de ces proverbes

Impacts dynamisants	Impacts limitants
• Protection • Discrétion • Retenue	• Peur du jugement • Crainte des sanctions des autres • Crainte de parler • Transparence • Difficulté dans l'affirmation de soi

Proverbes/Petites phrases

Padon pa ka djéri bos

(Le pardon ne guérit pas les bosse)

 **Résumé des témoignages**

Ce que j'ai/nous avons compris enfant	Comment je l'ai/nous l'avons intégré dans mon/notre comportement
J'ai compris que quand on fait du mal à quelqu'un même en lui demandant pardon, l'impact de l'action reste douloureux.	Ce proverbe m'a plutôt inspiré dans mes relations en y mettant tout mon savoir être et ma bienveillance pour ne pas blesser l'autre. Je préfère ne pas avoir à demander pardon.

Regard de l'auteure sur les impacts de ces proverbes

Impacts dynamisants	Impacts limitants
• Respect de l'autre • Bienveillance • Adaptabilité	• Culpabilité • Crainte du jugement • Quête de maîtrise et de perfection

Proverbes/Petites phrases

Toujou ni an moun pou anpéché la pwosésyon pasé

(Il y a toujours quelqu'un pour empêcher la procession de passer)

Résumé des témoignages

Ce que j'ai/nous avons compris enfant	*Comment je l'ai/nous l'avons intégré dans mon/notre comportement*
J'ai compris que j'étais vue comme une empêcheuse de tourner en rond. Je l'entendais quand je disais ce que tout le monde faisait semblant de ne pas voir et ça dérangeait.	Pour être acceptée, j'ai souvent fait le choix de me taire et de faire profil bas.

Regard de l'auteure sur les impacts de ces proverbes

Impacts dynamisants	*Impacts limitants*
• Discrétion • Adaptabilité	• Nécessité de se taire pour être accepté • Crainte du jugement et du rejet • Soumission • Transparence

Proverbes/Petites phrases

Ravèt pa janmen ni rézon douvan poul

(Le cafard n'a jamais raison devant la poule)

 **Résumé des témoignages**

Ce que j'ai/nous avons compris enfant	Comment je l'ai/nous l'avons intégré dans mon/notre comportement
J'ai compris que j'aurai toujours tort devant plus grand que moi.	Ce proverbe m'a amenée à de la gêne dans mes relations, je n'osais pas toujours dire ce que je pensais et même si j'avais raison, je préférais me taire car j'estimais que je ne serais jamais entendue.

Regard de l'auteure sur les impacts de ces proverbes

Impacts dynamisants	Impacts limitants
• Evitement des conflits • Adaptabilité • Respect des autres, du cadre, de la règle	• Nécessité de se taire pour être accepté • Se faire petit • Accepter l'idée d'une relation dominant/dominé

Proverbes/Petites phrases

Bésé zyé'w, mwen pa ka palé ba'w

(Baisse les yeux, on ne te parle pas)

Résumé des témoignages

Ce que j'ai/nous avons compris enfant	*Comment je l'ai/nous l'avons intégré dans mon/notre comportement*
J'ai compris qu'il m'était interdit d'écouter ce que les adultes disaient, que ça ne me regardait pas.	J'ai pris l'habitude de ne pas soutenir le regard même quand on me parlait ou de me faire discrète, une manière de ne pas me montrer trop curieuse de ce qui ne me regardait pas ».

Regard de l'auteure sur les impacts de ces proverbes

Impacts dynamisants	Impacts limitants
• Discrétion • Sagesse • Retenue	• Nécessité de se taire, se faire petit pour être accepté • Humiliation et honte • Problématique de place • Soumission

Proverbes/Petites phrases

Konplo neg sé konplo chyen

(Le complot des nègres, c'est comme un complot de chiens)

Résumé des témoignages

Ce que j'ai/nous avons compris enfant	Comment je l'ai/nous l'avons intégré dans mon/notre comportement
J'ai compris qu'il fallait se méfier des noirs, que leurs accords et leurs paroles n'avaient pas de valeur.	Quand je dois passer un accord avec mes compatriotes, je suis souvent dans la méfiance et très mal à l'aise. Je suis très vigilante.

Regard de l'auteure sur les impacts de ces proverbes

Impacts dynamisants	Impacts limitants
<ul><li>Prudence</li><li>Vigilance</li><li>Perspicacité</li></ul>	<ul><li>Méfiance</li><li>Doute dans la relation</li><li>Manque de confiance</li><li>Problématique d'estime de soi en tant que noir</li><li>Impression de n'être pas fiable</li></ul>

Proverbes/Petites phrases

kapon viv lontan

(Les poltrons vivent longtemps)

Résumé des témoignages

Ce que j'ai/nous avons compris enfant	*Comment je l'ai/nous l'avons intégré dans mon/notre comportement*
J'ai compris que sans risque on ne se met pas en danger.	Ce proverbe m'a permis très tôt d'être prudente et surtout de planifier pour atteindre mes objectifs avec beaucoup de patience.

Regard de l'auteure sur les impacts de ces proverbes

Impacts dynamisants	*Impacts limitants*
• Prendre le moins de risque • Prudence • Protection	• Peur de prendre des décisions • Crainte d'avancer et de relever des challenges • Frein de la curiosité et l'ouverture • Crainte de l'inconnu

Proverbes/Petites phrases

Pli ta, pli tris

(Plus tard, plus triste...)

Résumé des témoignages

Ce que j'ai/nous avons compris enfant	Comment je l'ai/nous l'avons intégré dans mon/ notre comportement
Nous avons compris que nous finirons par prendre conscience que le bonheur est éphémère. Nous comprendrons un jour ce qui nous est expliqué aujourd'hui. En faisant un choix, nous devons faire attention à ne pas pleurer après.	• Proverbe vécu comme une menace. Il a engendré la peur du lendemain car tout ce qui arrivait de négatif illustrait cette phrase. • Quand je fais un choix, je me demande ce que cela va m'amener plus tard. Je suis dans la crainte. • Il a eu un impact assez négatif sur une partie de ma vie. Quand je vivais des moments agréables, je me disais que ça ne va pas durer.

Regard de l'auteure sur les impacts de ces proverbes

Impacts dynamisants	Impacts limitants
• Réserve et discrétion • Anticipation • Pondération	• Menace • Peur du lendemain • Restriction dans l'expression de sa joie • Difficulté à être dans la satisfaction de l'instant présent

Proverbes/Petites phrases

Ri di ri pléré lantiy

Résumé des témoignages

Ce que j'ai/nous avons compris enfant	Comment je l'ai/nous l'avons intégré dans mon/notre comportement
Nous avons compris qu'en faisant des bêtises, en nous amusant, nous pourrions avoir à payer les conséquences de nos actes et à en pleurer. Il faut réfléchir avant d'agir, faire attention à ne pas être trop dans la joie car elle est souvent suivie de la tristesse.	• J'ai intégré ce proverbe en me disant qu'il était important de profiter à fond de ce que m'offre le temps présent car je ne sais pas de quoi demain sera fait. • Chaque fois que je me sens heureuse, légère, je m'attends à ce que quelque chose de douloureux m'arrive.

Regard de l'auteure sur les impacts de ces proverbes

Impacts dynamisants	Impacts limitants
• Nécessité de veiller à faire les bons choix • Vigilance • Esprit d'analyse	• Crainte de demain • Appréhension • Difficulté à profiter de l'instant présent

Proverbes/Petites phrases

Sé kouto sel ki sav sa ki en tchè jomou

(Seul le couteau sait ce qu'il y a au cœur du giromon)

Résumé des témoignages

Ce que j'ai/nous avons compris enfant

Nous avons compris qu'il n'est pas nécessaire d'exposer sa douleur, on peut vivre les évènements de la vie sans se plaindre et éviter que les gens ne le sachent.
On doit s'abstenir de commenter, si on ne dispose pas de tous les éléments. Notre vision peut être incomplète.

Comment je l'ai/nous l'avons intégré dans mon/notre comportement

Chaque fois que je vis un évènement douloureux, j'ai tendance à ne pas en parler car pour moi, ça ne sert à rien. Ça m'oblige à être prudente, réservée dans mes propos et parfois silencieuse.

Regard de l'auteure sur les impacts de ces proverbes

Impacts dynamisants

- Dignité face aux évènements
- Discrétion

Impacts limitants

- Difficulté dans la gestion de ses émotions
- Quête du sois fort
- Accepter l'inacceptable
- Carapace avec risque de somatisation

Proverbes/Petites phrases

Sa ki pou'w lariviè pa ka chayé'y

(Ce qui est pour toi la rivière ne le transporte pas)

Résumé des témoignages

Ce que j'ai/nous avons compris enfant	*Comment je l'ai/nous l'avons intégré dans mon/notre comportement*
Nous avons compris que si nous devons avoir quelque chose dans la vie, nous l'aurons. Être patient, ne jamais se décourager car on obtient plus tard ce que l'on désire. Ce n'est pas une question de « destin », c'est avec de la persévérance et de la foi qu'on y arrivera.	<ul><li>Cette phrase a marqué positivement mon chemin de vie en me poussant à être plus acharnée, plus rigoureuse et plus ambitieuse.</li><li>Ce proverbe m'a appris la patience, l'espoir et l'acceptation. Il m'a permis d'affronter des situations avec sérénité et avec la foi d'un lendemain meilleur.</li><li>Je me réfère à ce proverbe dans les situations de doutes pour me rassurer</li></ul>

Regard de l'auteure sur les impacts de ces proverbes

Impacts dynamisants	Impacts limitants
<ul><li>Patience</li><li>Foi</li><li>Acharnement</li><li>Combativité</li></ul>	<ul><li>Entêtement face aux évènements</li><li>Pression psychologique</li><li>Manque de lâcher prise</li><li>Manque d'ouvertures aux autres possibles</li></ul>

Proverbes/Petites phrases

La curiosité est un vilain défaut

ou Curieux qui demande à savoir

ou Ou two an afè/zafè

Résumé des témoignages

Ce que j'ai/nous avons compris enfant	*Comment je l'ai/nous l'avons intégré dans mon/ notre comportement*
Nous avons compris : • Qu'il n'est pas bon d'être curieux car on pourrait découvrir des choses interdites ou que nous n'avons pas à voir. • Qu'il n'est pas bien de s'occuper des affaires des autres, d'écouter ce qui se dit, de prendre appui sur ce qui se voit.	Différents témoignages : • J'ai vécu avec l'idée qu'il n'est pas bien de poser des questions, de chercher à savoir plus sur une personne ou une situation. • J'ai aussi grandi avec la conviction que je n'avais pas à me sentir concerné par ce que disent les gens, ce qui a induit un manque d'intérêt pour ce qui se passe en dehors de mon cercle. Je me suis toujours dit que si je dois savoir, je le saurai et que si je ne le sais pas c'est parce que je n'y ai pas droit. • J'ai ainsi pris l'habitude de me contenter de peu, ce qui a eu pour conséquences une gêne à fouiller, un sentiment de culpabilité, de honte et d'être prise à défaut. • Ce proverbe a fait que j'avais souvent l'impression de déranger soit parce que je posais trop de questions soit parce que celles-ci embarrassaient. J'ai le sentiment d'avoir progressivement arrêté d'en poser, jusqu'à éteindre ma curiosité. »

Regard de l'auteure sur les impacts de ces proverbes

Impacts dynamisants	Impacts limitants
Discrétion	• Gêne à poser des questions • Limitation dans l'ouverture à son environnement • Limitation dans son expression • Limitation dans sa créativité • Regard jugeant • Limitation dans la curiosité

Notre fonctionnement à la lumière des proverbes

Les personnes qui me partagent leurs témoignages ont entre 20 et 70 ans et pourtant elles nous parlent des impacts de ces proverbes sur leur quotidien comme de matériaux vivants et vibrants.

Ces partages nous renseignent sur le fait que ces proverbes restent actifs et présents à travers et malgré le temps qui passe.

On pourrait imaginer qu'à partir de notre propre expérience de la vie, nous puissions faire en sorte que l'impact de ces proverbes mute, se transforme, s'amoindrit, s'efface parfois.

En réalité, nous constatons qu'il n'en est rien. Mais pourquoi ? Pourquoi ces proverbes issus de notre éducation au sens le plus large, inculqués dès notre plus jeune âge, restent aussi prégnants ? C'est qu'ils sont pris dans un maillage constitué de loyauté invisible, de quête d'amour, de crainte du jugement et du rejet, de peur de l'inconnu...

Une fois diffusés, ces proverbes sont intégrés dans notre psyché, ils alimentent nos pensées, nos croyances et affectent inconsciemment nos comportements, nos choix et nos non-choix.

La pensée étant vibratoire et la loi de l'attraction à l'oeuvre, nous attirons à nous des situations, des expériences de vie, des rencontres qui sont les terrains de jeux et d'expression de nos conditionnements. Ces derniers avec leurs co-équipiers nommés mental, égo, surmoi... nous font choisir des tactiques induites de nos conditionnements.

De fil en aiguille ces conditionnements sont alimentés, de fil en aiguille leurs influences se réactivent et se renforcent jusqu'à nous freiner dans notre capacité à les questionner. Ils laissent dans notre inconscient comme des traces indélébiles et agissantes.

Mais que nous disent-ils ? Quelles voies nous montrent-ils ?

Prenons un instant de recul, de mise à distance de notre fonctionnement afin de percevoir ce qui s'y joue inconsciemment.

Avec curiosité, regardons ce qui se trame, ce qui se passe en nous lorsque l'influence du proverbe est présente.

Avec authenticité, percevons nos pensées, nos ressentis, nos émotions lorsque ces proverbes sont en action.

Oui, en vivant pleinement cette parenthèse en pleine conscience, nous accéderons à ce qui, au plus profond de nous se joue à travers une empreinte laissée par un proverbe.

À la lumière des proverbes qui ont bercé notre enfance et qui ont impacté la construction de notre système de croyances, prenons conscience que globalement ils représentent des exigences posées et agissant de manière insidieuse sur nos fonctionnements.

Ainsi, ces proverbes et leurs effets rentrent dans un cycle vertueux ou vicieux en fonction de leur nature vibratoire. Sans que nous n'ayons prise sur ce qui est, notre croyance impacte notre pensée qui entraîne une émotion laquelle engendre un comportement qui va lui-même réactiver notre croyance.
Nous devenons ainsi prisonniers de nos croyances et rentrons dans des schémas de fonctionnement répétitifs.

Ces proverbes agissent sur notre mental, nous incitent à la vigilance, aux contrôles et donc au manque de lâcher prise, nous empêchant ainsi de vivre l'instant présent et de nous ouvrir à de nouveaux possibles.

De manière sous-jacente, ces proverbes imposent et donnent du poids aux regards, regard de l'autre et regard que nous posons sur nous et sur nos actes.

Ces regards nous enferment dans une quête de perfection afin d'être à l'image de…, être dans l'attendu de…, dans une comparaison avec l'autre.

Ils nous font revêtir les carapaces du « sois fort », du « fais un effort », du « dépêche-toi », sources de tensions. Ils ont le don de nous faire croire que la vie est perpétuels combats ponctués de « il faut que », ou « je dois ».

Notre égo à l'œuvre nous autorise à nous connecter à la honte, à la culpabilité, à la peur de nous tromper, à l'auto-jugement sur nos capacités et incapacités.

À la lecture de ces différents témoignages et en regardant avec une certaine distance questionnante les impacts de ces proverbes sur notre fonctionnement, il m'apparaît qu'ils nous parlent :

De la nécessité de réfléchir, calculer, analyser, anticiper avant d'agir. Ils nous invitent, avant d'agir, à prendre du temps pour la réflexion afin de limiter la prise de risque et réussir dans la vie. Ils nous incitent à être prudents, patients, endurants pour réaliser quelque chose dans la vie. Ils nous obligent à la raison et induisent aussi la crainte et la peur de se tromper.

Ne serait-ce pas un frein au lâcher prise
et à la confiance en la voix du cœur ?

Du regard de l'autre sur nous qui nous freine et nous limite dans notre ouverture aux gens, aux choses, au monde, à notre créativité et spontanéité. Ils nous invitent à nous contenter de peu, de l'évidence, à nous sentir que peu interpellés par notre environnement, à ne pas occuper notre pleine place dans la vie en nous faisant plus petits. Ils nous incitent à douter de notre autorisation à être.

Ne serait-ce pas un frein
à la pleine expression de qui nous sommes ?

Du fait que l'on a toujours ce que l'on est capable de supporter. Ils nous invitent à l'acceptation de ce qui nous arrive, comme une forme de soumission aux épreuves, à tenir bon, à nous montrer forts pour surmonter les difficultés qui se présentent. Ils nous incitent à refouler nos émotions car il est surtout important de faire face à la tempête extérieure. Cependant, ils nous empêchent de prendre pleinement en considération la tempête intérieure qui est pourtant là, à tout détruire sur son passage.

Ne serait-ce pas un frein à la reconnaissance de ce qui se passe en moi, de ce que je vis vraiment, un frein à la libre reconnaissance et expression de mes émotions ?

De la destinée comme une fatalité. Ils nous disent que chacun aurait son chemin tracé et que chacun se doit de se doter de foi, d'acharnement, de rigueur, de patience, pour y arriver. Ils nous invitent à tout mettre en œuvre pour y parvenir et ne pas démériter. Ils nous autorisent même à bousculer, manquer de bienveillance vis à vis des autres. Ils nous incitent au quotidien, à nous montrer forts, à être en quête perpétuelle de perfection, d'entêtement et de persévérance.

Ne serait-ce pas un frein à voir et à accepter de nouveaux chemins proposés par l'univers plus en accord avec soi ?

Du nécessaire respect des règles dictées. Ils invitent à ne pas désobéir aux règles du représentant de l'autorité au risque d'être sanctionnés, privés de quelque chose y compris de notre liberté de mouvement. Ils nous incitent à nous soustraire au cadre qui s'impose et ne se discute pas.

Ne serait-ce pas un frein à notre libre capacité de choix ?

Du regard de Soi sur Soi, un regard qui n'est pas neutre, un regard qui interpelle, juge, met en action dans la crainte. Ils nous invitent à réfléchir, à peser le pour et le contre avant d'agir, à être dans une vigilance et un contrôle lors de nos choix et donc dans une perpétuelle projection qui empêche ou limite l'accès à l'instant présent. Ils nous incitent à être dans la crainte du jugement des autres, la peur de ne pas y arriver, de se tromper, de regretter. Ils nous incitent à nous confronter aux combats, à la lutte dans ou pour la vie, à nous dépasser ou nous surpasser pour nous sentir crédible et donc reconnus par soi et par l'autre. Ils induisent chez chacun l'importance de se conformer, se soumettre à des principes de vie au risque de se sentir coupable avec un sentiment de devoir payer de n'avoir pas agi comme il fallait.

Ne serait-ce pas un frein au lâcher prise,
à la légèreté et à la spontanéité ?

Oui, en nous offrant cette parenthèse pleine de conscience, nous percevons de nos proverbes, une autre dimension. Nous mesurons qu'ils s'expriment dans notre vie comme des conditionnements souvent limitants pour notre pleine expression, et ce, même s'ils sont perçus de prime abord comme positifs.

Que l'on ne se méprenne pas, mon propos n'est pas de pointer du doigt les aînés pour ce qu'ils nous ont transmis. Ils ont fait avec la volonté de bien faire, ils ont fait de leur mieux avec ce qu'ils étaient et ce qu'ils avaient.

Mon propos est de sensibiliser sur l'impact déterminant des messages de notre enfance sur nos comportements, des messages qui nous formatent, nous modélisent au point d'être incapables de les réinterroger.

Mon propos est enfin d'éveiller les consciences pour que ces effets ne soient pas fatalité car nous avons en nous la faculté de décider de ce que sera notre vie.

Chemin vers soi ; notes personnelles

Quels sont les proverbes qui ont marqué mon enfance et comment ont-ils agi dans mon quotidien ?

_____

_____

_____

_____

_____

_____

_____

_____

Impacts des conditionnements, une fatalité ?

Lorsqu'on regarde ainsi nos conditionnements, qu'ils nous viennent de nos proverbes ou de d'autres messages contraignants, on pourrait penser qu'il est impossible de modifier cette réalité qui s'impose, croire que seule une action collective peut induire un changement ou encore se sentir dans l'incapacité d'agir et se dire qu'il est vain d'essayer....

Percevoir ainsi les choses, c'est nous maintenir esclaves de nos conditionnements, nous qui revendiquons depuis tant d'années notre liberté d'être et d'agir.

Ces conditionnements et leurs impacts ne sont pas une fatalité. Même s'ils sont inscrits dans l'inconscient individuel et collectif, même si nous les considérons comme des ingrédients culturels, nous avons la possibilité grâce à cette prise de conscience de modifier notre réalité.

Si les générations actuelles, conscientes des impacts limitants de nos conditionnements oeuvrent consciemment auprès des jeunes générations,

Si ceux qui en sont aujourd'hui impactés modifient consciemment leurs fonctionnements, nous pouvons espérer qu'un nouveau champ de possibles s'ouvre à nous.

Pour cela, il est dans un premier temps nécessaire de nous valider comme des êtres libres, responsables de leur vie et aptes à remettre en question ce qui a été reçu.

Oui, nous avons en nous, à tout instant, la capacité de faire un nouveau choix, un choix de déloyauté familiale certes mais un choix pour notre liberté afin de goûter différemment aux merveilles de la vie.

Un nouveau champ de possibles avec la plasticité du cerveau

Depuis quelques années, grâce aux neurosciences, les théories qui prétendaient que tout se jouait avant nos six ans en fonction de nos vécus, que tout était programmé, acté et sans grande latitude d'évolution ont volé en éclats.

La découverte de la plasticité du cerveau c'est-à-dire sa capacité d'adaptation progressive aux événements de la vie comme terrain d'expériences et donc d'apprentissages, a modifié le regard que nous pouvons porter sur notre vie.

Il n'est nullement remis en question, le fait que les expériences de vie de l'enfant produisent des connexions neuronales qui laissent des empreintes déterminantes au cerveau.

Il est aujourd'hui prouvé que rien n'est définitivement figé et que le cerveau est un organe dynamique qui vit et est en perpétuelle évolution en intégrant l'histoire de vie de la personne.

À la naissance, seulement 10% des connexions neuronales sont activées ce qui laisse entrevoir 90% de possibles nouvelles connexions susceptibles d'engendrer de nouveaux comportements.

Quelque-soit notre âge, dans notre interaction avec le monde extérieur, nous recevons des stimulations favorisant la mise en place de nouvelles connexions neuronales.

Ces dernières sont comme de nouvelles routes qui, si elles sont empruntées régulièrement et sur la durée, agissent sur la structuration de notre pensée et modifient nos comportements.

Rien n'est donc figé, ni dans notre cerveau, ni dans nos pensées.

Cette découverte est magnifique en tant qu'ouverture sur un champ de possibles pour une vie différente. Elle constitue une grande révolution et un immense espoir pour tous ceux qui souhaitent impulser du changement dans leur vie.

Cette découverte nous dit que nous avons en nous la capacité d'agir sur les impacts de nos conditionnements.

Il n'est pas question de les gommer, ils font partie de nos fondations et donc de notre histoire.

Il est question de porter un regard différent sur eux, un regard interrogateur pour approcher et questionner leurs fondements et mettre en sens leurs racines.

Il est question de constater et de mesurer leurs effets sur notre quotidien et sur notre vie.

Il est question de décider si nous souhaitons nous maintenir sous leur emprise ou nous en libérer.

L'orientation de cette décision est fonction de l'intérêt que nous portons à la question de nos conditionnements et de leurs impacts.

Elle est aussi liée à notre volonté ou pas à changer le cours de notre vie.

Elle prend ensuite sa force dans notre foi en ce possible changement.

Cette décision est un vrai engagement vis-à-vis de soi-même et pour soi-même car elle induit un investissement sur Soi où remise en question, doute, culpabilité, gêne peuvent être au rendez-vous pour que le changement souhaité s'opère.

Pour concrétiser ce changement, une mise en pratique consciente de petits pas est nécessaire, ce, de manière systématique et durable afin d'établir de nouveaux circuits neuronaux, comme de nouveaux chemins privilégiés pour faire circuler les informations.

C'est à cette condition que nous pourrons toucher du doigt les bénéfices de la démarche, bénéfices qui sont comme un levier pour continuer à oser le changement.

Chemin vers soi ; notes personnelles

Que suis-je prêt(e)à changer ?

_____

_____

_____

_____

_____

_____

_____

S'ouvrir autrement à la vie, une nécessité

Comprenons que la vie qui nous a été offerte, est un magnifique cadeau.

Comprenons que cette vie, notre vie, nous avons à la vivre pleinement.

Comprenons que nous en sommes un acteur essentiel, car c'est nous qui fabriquons notre vie en fonction de notre angle de vue et c'est cet angle de vue qui créée non pas la réalité mais la réalité de chacun d'entre-nous.

En étant en pleine conscience que nous vivons nos conditionnements comme des fardeaux qui nous empêchent d'utiliser nos potentialités, nous libérer de nos chaînes devient un impératif à notre épanouissement.

La vie est à l'origine miracle, elle est don qui est fait à chacun.

Si elle est miracle et don, elle est censée être empreinte de douceur, d'amour, de respect de qui nous sommes dans notre essence et de ce fait, permettre que soit facilitée l'expression de notre pleine liberté.

Nous n'avons donc pas à nous battre pour vivre, à devoir lutter pour vivre, à nous sentir obligés de nous justifier pour vivre, car cette vie nous a été offerte en venant au monde.

Nous avons à vivre notre vie, pour nous et pas pour l'autre, en accord avec nous et pas avec l'autre à tout prix, à notre image et pas à l'image de l'autre.

Si nous regardons notre vie, nous nous apercevons que nous avons tendance à renoncer complètement à nous, mettant la priorité à nous définir par rapport à des normes et accordant une telle importance à ce que nous renvoyons, à ce que nous faisons et à comment nous le faisons, que nous nous abandonnons sur le bord de la route. Désormais, notre vie sert alors notre carte de visite, qui n'a d'objectif que de nous présenter au monde, selon les critères du monde c'est-à-dire selon des concepts du bien et du mal, du bon et du mauvais, de la réussite et de l'échec, de la morale et de l'immoral...

Ainsi, notre chemin n'est pas de vivre notre vie mais de montrer au monde le personnage que nous nous inventons. Or, en faisant ce choix inconscient nous sommes de mon point de vue, dans le déni de notre humanité.

S'ouvrir autrement au monde consisterait à reconnaître, à accepter et à exprimer pleinement notre vraie nature qui est ombre et lumière.

Chacun de nous a en lui différentes parts comme différentes versions de lui-même, que nous pouvons appeler sous-personnalités. Ce peut être celle qui a besoin d'être légitime, celle qui a peur, celle qui ne se sent pas aimable, celle qui a besoin de briller, celle qui est sécure, celle qui est serviable, celle qui est jalouse, celle qui est amour... Ces différentes versions cohabitent en nous et ont le désir que nous les laissions exister sans crainte d'être démasqués.

Cela nécessite que nous arrivions à stopper cette lutte qui agit au plus profond de nous.

Cela nécessite que nous arrêtions d'auto-juger nos comportements.

Cela induit que nous arrêtions tous nos actes d'auto-sabotage qui nous maintiennent emprisonnés de nos croyances.

M'ouvrir autrement au monde passe donc par m'ouvrir autrement à Moi, en acceptant de faire ce voyage à ma propre rencontre, en faisant l'expérience de l'énergie que je porte, de ce qui me semble être juste pour moi à l'instant présent sans me laisser aveugler et gouverner par des conditionnements qui me robotisent.

M'ouvrir autrement à la vie, nécessite d'arrêter de me torturer en mettant en opposition qui je suis et qui je dois être, pour me sentir en sécurité parce qu'en accord avec l'attendu sociétal.

Cette quête de sécurité n'est qu'utopie car le principe même de la vie est insécurité. En effet, le principe même de la vie veut que tout soit changement permanent et ni le contrôle, ni l'argent, ni la réussite, ni le respect des normes ne peut changer cette donne.

Alors, soyons gourmands et curieux de la vie et de nous-mêmes.

Car oui, notre vie est la nôtre et à ce titre nous avons à nous autoriser à la rêver, à la dessiner, à la vivre en lui octroyant ses vraies couleurs et ses vraies saveurs.

Oui, en prenant conscience aujourd'hui que notre vie n'a été que le reflet de nos conditionnements, nous pouvons sentir naître en nous des ressentiments, un sentiment de gâchis, de rancœur... Cependant, en agissant ainsi nous repartirions dans le cercle vicieux de notre égo qui, de nouveau nous enfermerait.

Il me semble plus juste d'accepter cette réalité qui a été la nôtre, d'en comprendre les fondements souvent inconscients pour nos figures parentales et surtout, surtout de décider en toute liberté de ce que sera désormais notre vie aujourd'hui et demain.

C'est ainsi que chacun impulsera une nouvelle dynamique de vie pour lui-même qui aura progressivement un retentissement collectif.

Plus nous ferons le choix de l'ouverture à la vie et plus nous pourrons accueillir les cadeaux de l'univers.

Plus nous accepterons les choix de notre cœur et moins nous donnerons force au regard de l'autre.

S'ouvrir autrement à la vie devient une nécessité qui nous demandera de revoir notre posture.

Pour un nouveau chemin, quelques pistes

Si vous êtes conscients de l'impact parfois emprisonnant de vos conditionnements,

Si vous souhaitez défaire vos chaînes pour un nouvel envol,

Si vous êtes prêts à des petits pas afin de vous offrir un nouveau possible,

Alors, vous vous situez à une croisée des chemins où de nouvelles routes s'ouvrent devant vous, où de nouveaux choix s'offrent à vous, où différentes pistes se présentent à vous pour y arriver.

Pour vous aider, je vous propose d'expérimenter ces quelques pistes, véritables clés de libération :

Faire une pause et se connecter à Soi

En vous offrant un temps de silence, vous vous offrez un moment de rencontre avec vous, un moment de pleine conscience de ce qui est là, de ce qui vous emprisonne, vous freine ou vous limite. C'est dans ce silence que vous pourrez sonder ce qu'il y a au plus profond de vous et percevoir ce que votre boussole c'est-à-dire votre corps, vous exprime. Comme un miroir, cet instant aura le don de vous renvoyer à l'inconfort de votre vie. Certains supports tels que la méditation, la relaxation, l'écoute musicale aident grandement la connexion à soi.

Identifier le conditionnement et son origine

En observant votre vie, vous pouvez identifier les principaux conditionnements ainsi que leurs effets en tant que croyances, schémas répétitifs, résultats... Cela nécessite de vivre dans l'instant présent, pas dans hier, pas dans demain car c'est dans l'instant présent que nous pouvons nous regarder agir, voir et accepter ce qui est.

Point n'est besoin de se battre ou de se rebeller.

Point n'est besoin de se torturer.

Point n'est besoin de nourrir des rancœurs.

Regardez vos conditionnements avec bienveillance, acceptez-les comme faisant partie de vous, de votre construction. Peu importe les raisons de leur présence, ils sont les fruits d'une succession d'événements, de transmissions...

Soyez aussi bienveillants envers vous-même, envers toutes les personnes concernées, chacun a fait de son mieux. Acceptez tout simplement que la situation soit ainsi aujourd'hui.

Cette bienveillance vous aidera à vivre avec vos conditionnements et à apprendre d'eux en percevant ce qu'ils vous coûtent et aussi ce qu'ils vous apportent. Il est vain de cristalliser ses pensées sur les effets négatifs de vos conditionnements car il est important de conscientiser qu'ils ont été aussi, source d'opportunités et d'apprentissages sur vous, sur l'autre, sur la vie.

Alors, dans une plus grande lucidité, vous pourrez percevoir de quoi vous aimeriez vous débarrasser pour vous libérer. Ce sera un premier pas et un pas ô combien essentiel.

Dépasser votre sentiment d'impuissance

Pour faire le deuil des habitudes pour lesquelles vous avez déjà expérimenté les conséquences, vous aurez à dépasser votre sentiment d'impuissance ou de résignation en ouvrant les portes de notre prison mentale car oui, vous vous sentirez libres lorsque vous découvrirez que les barreaux sont faits de vos pensées.

En décidant avec courage et foi d'agir autrement, vous vous donnez la possibilité de modifier vos pensées et de vous échapper de leurs influences, à la base de vos schémas répétitifs. Vous touchez ainsi à l'opportunité de modifier votre relation au monde et à vous-mêmes et de voler plus librement.

Pour dépasser votre sentiment d'impuissance, un ingrédient sera nécessaire : l'optimisme. En effet, c'est grâce à lui et à la croyance qui lui est attachée que vous serez en capacité de changer les choses, vous pourrez relever ce challenge en libérant ce sentiment d'impuissance de son énergie négative.

Vous libérer de vos croyances limitantes

En regardant les croyances sous-jacentes à vos comportements, vous pourrez remonter à leurs origines afin d'identifier la situation source, la réanalyser et vous en libérer.

En effet, bien souvent, en requestionnant nos croyances avec le prisme de leur origine, nous arrivons à les désactiver en mettant en scène les ingrédients de leur construction. Mettre des mots sur les maux en remettant la croyance dans son contexte, en comprenant ce qui s'est joué à l'origine et en comprenant surtout que nous ne sommes pas directement concernés par cette croyance. Elle nous a bien souvent été transmise par nos aînés qui parfois les ont eux-mêmes en héritage. Cette prise de conscience a le pouvoir de nous libérer de l'impact enfermant de ces croyances.

Une fois la désactivation faite, vous serez en mesure de la remplacer par une croyance dynamisante.

Vous reconnecter à votre Enfant Intérieur

L'enfant intérieur est porteur à la fois du souvenir de notre enfance, des petits êtres humains que nous étions et aussi un vaste champ de nos potentialités illimitées et promesse d'accomplissement de Soi.

Notre enfant intérieur détient la source d'un savoir enfoui, méconnu par l'adulte. Se reconnecter à cet enfant est une manière de retrouver un état d'être plus authentique, plus aimant et plus créatif que nous avons tous un jour expérimenté. Comme je l'ai déjà mentionné, les conditionnements agissent sur notre Enfant Intérieur, plus particulièrement sur notre hémisphère droit donc notre créativité, nos forces inventives, audacieuses qui sommeillent en lui...

L'adulte en s'adaptant au monde, ignore l'enfant en lui et se coupe de son essence.

En vous reconnectant à votre Enfant Intérieur, vous posez un acte d'Amour, de reconnaissance et de respect pour celui ou celle qui vous a fait.

Cette reconnexion vous permet de remercier votre Enfant pour les décisions prises même si elles vous semblent inappropriées ou négatives, elles sont celles qui font la belle personne que vous êtes aujourd'hui.

Cette reconnexion contribue à rassurer votre Enfant Intérieur, à lui envoyer le message que vous vous sentez prêt (e) à faire de nouveaux choix de vie et en capacité de les assumer.

Enfin, cette reconnexion est une vraie permission que vous demandez à votre Enfant Intérieur, car il s'agit bien pour vous d'abandonner un choix qu'il a fait pour un nouveau choix que vous souhaitez faire.

Faire le deuil de vos habitudes

Pour mettre en place de nouveaux sillons, de nouvelles habitudes, vous avez à vous autoriser à apprendre à penser et à agir différemment, et pour cela, il vous sera nécessaire de faire le deuil de vos « habitudes » et de votre stratégie construites avec le temps, pour laisser place à une autre partie de vous-même qui ne demande qu'à s'exprimer. Il vous sera judicieux de regarder la situation avec un autre angle de vue qui induira une autre perception et vous autorisera à dépasser le cadre habituel, de sortir de votre zone de confort et oser un autre comportement.

Faire de deuil de vos habitudes mises en place en réponse à vos conditionnements nécessitera de vous libérer de certaines émotions associées et de lâcher prise.

Cela vous demandera aussi de pardonner, c'est-à-dire vous pardonner à vous-mêmes pour vos choix passés et ce qu'ils ont induit, pardonner à la vie pour les épreuves traversées et pardonner à ceux qui ont contribué à l'installation de ces conditionnements. Je l'ai déjà mentionné précédemment, ils ont fait de leur mieux avec ce qu'ils avaient et qui ils étaient.

Comme le dit Olivier Clerc, auteur qui travaille sur la notion du pardon, l'action de pardonner se fait pour soi, pas pour l'autre. Elle nous permet de dire à nouveau et différemment OUI à la vie, dans une ouverture de cœur qui rend possible le changement.

Vous désensibiliser du mode pilotage automatique de l'impact de vos conditionnements

À force de répétitions par le passé, ces conditionnements génèrent inconsciemment et automatiquement le même type de comportement. En vous désensibilisant de ces conditionnements, vous vous autorisez à agir autrement. Pour ce faire, il sera nécessaire de prendre conscience du conditionnement, de l'identifier puis de trouver de nouveaux comportements à adopter face à une situation donnée.

En utilisant la plasticité du cerveau, vous mettrez en place de nouvelles boucles neuronales, de nouvelles empreintes qui entraîneront de nouveaux comportements lesquels remplaceront petit à petit les comportements dont vous voulez vous libérer. Vous transformerez ainsi vos conditionnements grâce aux contre-conditionnements.

Avec cette mise en action, désormais, un nouveau chemin est possible, un chemin où vous vous autorisez à vous sentir libre de requestionner vos fondamentaux. Cette autorisation a dès lors, l'intérêt de vous rendre enthousiaste à l'idée d'apprendre et de décider par soi-même.

Chemin vers soi ; notes personnelles

Mes engagements vis-à-vis de moi-même ?

_____

_____

_____

_____

_____

_____

_____

Et maintenant...

Et maintenant comment vous sentez-vous ?

Quelle est votre relation à vos comportements ?

Que vous autorisez-vous désormais ?

Prenez conscience qu'interroger son histoire et ses conditionnements est un acte de courage et un acte d'amour pour Soi.

Il est aussi un acte de libération pour Soi, pour les générations futures. Il participe à l'abolition de notre propre esclavage.

Je fais le vœu que vous fassiez le choix de vous offrir un voyage, un voyage en vous, une aventure palpitante.

Je fais le vœu que vous dépassiez les craintes que vous inspirent le grenier, que vous alliez dans votre grenier découvrir ce que vous avez entassé depuis tant d'années. Ce sont vos souvenirs, ils sont précieux et représentent le puzzle de votre vie ou de votre famille.

Je fais le vœu que vous y mettiez de la lumière pour éclairer désormais vos actions.

Dans vos cartons, vous découvrirez de la poussière, des bouts d'histoires et de vécus et vous découvrirez aussi et surtout des pépites enfouies qui ne demandent qu'à s'exprimer.

Vous autoriser à vous questionner c'est vous ouvrir à une liberté au service de votre pleine expression et de votre épanouissement.

Pour vous mettre en marche...

Vivre ma liberté d'être...

Se chercher et se trouver,
Se chercher et se retrouver.
Se questionner et se découvrir,
Se questionner et se redécouvrir.
Se regarder et se dire,
Se regarder et se redire.
Me trouver,
Me découvrir,
Me dire,
Combien je me suis précieuse,
Combien je me suis importante,
Combien je me suis nécessaire.
Me retrouver,
Me redécouvrir,
Me redire,
Que la vie qui coule en moi est cadeau,
Que la vie qui coule en moi est don.
Don de vie et de possibles,
Don de vie et d'expériences,
Don de vie et de liberté.
Liberté qui est « possibles »,
Liberté qui rend possible,
Liberté qui donne sens à la vie.
Vie qui se vit,
Vie qui m'invite à la vivre,
La vivre pleinement et intensément.

By Colette alias Challenge

Table des matières